라
디
오

탐
심

라디오 탐심

라디오에서 찾은 시대의 흔적들

1판 1쇄 발행 2021년 12월 6일

지은이	김형호
펴낸이	이민선
편집	홍성광
디자인	박은정
관리	이해정
제작	호호히히주니 아빠
인쇄	신성토탈시스템

펴낸곳	틈새책방
등록	2016년 9월 29일 (제25100-2016-000085)
주소	08355 서울특별시 구로구 개봉로1길 170, 101-1305
전화	02-6397-9452
팩스	02-6000-9452
홈페이지	www.teumsaebooks.com
네이버 포스트	m.post.naver.com/teumsaebooks
페이스북	www.facebook.com/teumsaebook
인스타그램	@teumsaebooks
전자우편	teumsaebooks@gmail.com

ISBN 979-11-88949-36-6 03900

※ 이 도서는 한국출판문화산업진흥원의 '2021년 출판 콘텐츠 창작 지원 사업'의 일환
으로 국민체육진흥기금을 지원받아 제작되었습니다.

라디오에서 찾은
시대의 흔적들

김형호 지음

라
디
오 탐
심

틈새책방

차 례

PART 1. 사랑하면 보이는 것들

PART 2. 라디오 신세계

PART 3. 라디오 밖 세상

세상의 모든 라디오를 찾아서

라디오 하면 선명하게 떠오르는 장면이 있다.

30와트 백열등이 켜진 나무 책상에 소년이 밤늦게 공부를 하며 라디오를 듣는다. 바람에 떨리는 문풍지 소리가 모스 부호처럼 타전되다가 멈추면, 멀리 바다에서 부서지는 파도 소리가 밤공기를 타고 방 안까지 들려온다. 라디오에서는 〈MBC〉'별이 빛나는 밤에'가 나온다. 바닷가 마을 소년은 라디오에서 나오던 윤동주 시인의 '별 헤는 밤'을 듣고는 마당으로 나가 밤하늘을 올려다본다. 겨울밤 은하수는 세상을 넓게 보게 하는 마음속 힘이 된다.

소년은 학업을 위해 고향을 떠났다가 다시 돌아와서는 지역 방송국의 기자가 됐다. TV 뉴스에 나오는 직업을 가졌지만, 라디오에 대한 열정을 항상 마음에 두고 살았다. 세상의 모든 라디오를 만나 보겠다는 욕심으로 라디오 수집을 시작했다. 그렇게 10년이 흘러 수집한 라디오가 1,000개쯤 됐다. 언젠가는 박물관을 설립하지 않을까 하는 막연한 생각을 하고 있을 때, 누군가에게서 죽비 소리를 들었다.

"이런 물건을 혼자만 보고 즐기는 것은 이기적이고 세상에 대한 배신입니다."

내 열정과 내 돈으로 세상의 모든 라디오를 찾아 나섰지만, 이런 인류의 유산을 모두가 함께 보고 즐기며 배워야 한다는 것이었다. 당장 라디오 박물관을 열지 못한다면 글이라도 써 보자는 생각으로 블로그에 몇 자 끄적이다 책을 쓰게 됐다. 박물관에서 만날 전시품을 책으로라도 사람들에게 보여 주면 세상에 대한 부채 의식에서 자유로울 수 있을 것 같았다.

얼마 전에 만난 라디오 수집가 한 분은 국내에 라디오를 1,000개 이상 가지고 있는 수집가가 100명이 넘고, 박물관을 개관한 사람은 3명 정도라고 말했다. 본인도 박물관을 꿈꿨지만, 어느덧 일흔 살이 넘었다고 했다. 선배 수집가들에 비해 초짜인 내가 책을 쓸 자격이 있는지 자문했다. 라디오를 얘기하기에는 수집 기간도 짧고 지식도 미흡하다 보니 지역 방송의 기자로서 일하며 느낀 것과 라디오의 인문학적 소재를 연결했다.

덕분에 아버지와 어머니를 추억하는 라디오부터 탄광 지역과 냉전 시대, 전쟁, 핵 발전소, 지역 분권, 예술과 디자인, 혁신의 정신, 방송 혁명 등 어디로 어떻게 뻗어나갈지 모를 이야기가 만들어졌다. 역사와 라디오 제품을 근거로 담론을 펼쳤지만, 학술적 의미로까지 확장하기에는 깊이와 고민의 시간이 부족했다. 이 책이 그동안 잘 알지 못했던 라디오 입문서로 읽히기를 바라는 이유다.

책을 세상에 내놓기까지 산고産苦의 고통이 있을 수밖에 없다. 자식을 키울 심정으로 책에 자생력을 심는 것은 작가의 책임이다. 하지만 자식 같은 책도 어느 순간이 지나면 스스로 생명력을 가져야 한다. 최초로 라디오 특허가 등록된 1896년부터 지금까지 라디오는 세상에서 가장 오래 산 사람보다 나이가 조금 더 많다. 사람으로 치면 증조부모다. 이 책이 세상을 새롭게 보는 타임머신이 됐으면 좋겠다.

책이 나오기까지 격려와 도움을 준 고마운 사람들이 수없이 많다. 이상을 꿈꾸는 남편을 이해해 주고 응원해 준 이 책의 첫 독자 주영숙, 아들 태경과 딸 민서, 영원한 소울메이트 셋째 형 김장호는 항상 나를 지탱해 주는 뿌리다. 회사 동료 황지웅 피디는 해외 인터뷰 촬영에 동행하고, 이 책에 필요한 라디오 사진 촬영도 도와줬다. 라디오 콘텐츠를 함께 고민하는 이덕성 기획자, 밑도 끝도 없이 만나자마자 바로 출간을 결정해 준 틈새책방에게도 감사의 말을 전한다. 홍성광 편집장과 이민선 대표는 보도국의 데스크(?)처럼 치밀하게 원고를 읽고 끈질기게 제안을 해 주었다. 끝으로 지역에서 일하는 동료 언론인들에게도 안부와 응원을 보낸다.

모던춘지에서

PART 1

/

사랑하면 보이는 것들

—

아버지의 라디오
대우전자 라디오

아버지는 평생 어부셨다. 내가 태어나던 그날도 아버지는 바다에 다녀오셨을 것이다. 20대에 첫아들을 보시고, 30대 중반에 막내아들을 보셨다. 당신에게는 생계 수단인 비릿한 바다 냄새가 항상 배어 있었다. 5남매의 막내였던 내가 자주 들었던 얘기는, 태풍에 배가 침몰해 집안이 망했다는 것이었다. 신주였던 아비지는 조업을 나가셨다가 파도에 배가 깨지는 큰일을 당하셨다. 다행히 아버지는 생명을 건지셨지만, 뒷감당을 하기에는 시련이 너무 컸다. 선원 한 명이 목숨을 잃은 데다, 어촌에서 전 재산이나 다름없는 배를 잃고 말았다. 아버지는 교도소까지 다녀오셨다.

　나의 어린 시절, 아버지는 잠들기 전에 항상 라디오로 날

아버지의 바다는 풍요의 어장이기에 앞서 전쟁터였다.

씨를 확인하셨다. 파도가 높은지, 바람은 얼마나 강한지에 따라 다음 날 조업 여부가 결정됐다. 동이 트지 않은 새벽에는 머리맡의 라디오가 또 그날의 바다 날씨를 들려줬다. 전날과 크게 달라진 것이 없으면 배를 타셨다.

라면으로 간단히 요기를 마치면, 대문 밖에는 동료 선원들이 함께 가자며 아버지를 기다렸다. 배가 정박 중인 항구는 마을에서 걸어서 20~30분 거리. 항구로 가는 도중에는 공동묘지를 지나야 했다. 바다에서 조업 중에 죽은 사람들이 묻힌 곳이다. 변화무쌍한 바다는 어부들에게 풍요의 어장이기에 앞서 전쟁터다. 아버지는 항구에 도착해서도 일기예보와 다르게 바람의 기운이 불길하면 그날 조업을 포기하셨다. 무리하게 조업을 나갔다가는 언제 해변 옆 묘지에 묻힐지 모르기 때문이었다.

당시 새벽에 조업을 나가시기 전에 아버지가 듣던 라디오가 무엇이었는지 나는 기억하지 못한다. 1980년대쯤이니까 플라스틱 재질에 카세트테이프가 들어가는 스피커 하나짜리 흔한 라디오였을 것이다. 그 시절 내 책상에서도 자주 들었던 라디오는 '대우전자'나 '골드스타'가 만든 제품이었다. 라디오에서 나오는 노래를 카세트테이프에 녹음했고, 밤늦게까지 공부할 때면 방송도 자주 들었다.

그 시절 라디오 소리는 우리 집 마당에서도 자주 울렸다.

아버지가 사용하시던 대우전자 라디오와
동일한 것으로 추정되는 모델. ⓒ김형호

문어잡이 어부였던 아버지는 조업을 나가지 않는 날이면 선원들과 주낙을 손질하셨다. 주낙은 손가락 길이의 대바늘을 한 뼘 간격으로 여러 개를 연결하고, 이를 바다 밑에 내려 문어를 잡는 도구다. 아버지는 조업을 나가는 날보다 어구를 손질하는 날이 더 많았다. 부러지거나 떨어져 나간 낚시 바늘을 다시 묶어 놔야 언제든 날씨가 좋을 때 바다로 나갈 수 있었다. 환갑에 가까운 어르신 서너 분은 마당 한가운데에 라디오를 켜 놓고 어구 손질을 하셨다. 내가 밤에 듣던 라디오는 낮에는 어르신들의 무료함을 달래 주는 말동무였다. 두 뼘 길이의 작은 라디오에서 나오는 라디오 방송은 어부들을 정치·경제의 토론장으로 이끌었다. 손은 일하면서도 머리와 입으로는 요즘 정치가 어쨌느니, 경제는 왜 저러니 하는 것이다.

일요일 낮에 골방에서 공부를 하던 나는 어르신들이 어구를 손질하는 모습을 자주 봤다. 라디오를 듣던 어르신들이 가끔 자기 말이 맞다며 언성을 높이는 소리에 혼자 키득키득 웃기도 했다. 당시 문어잡이는 돈벌이가 괜찮았던 전문 업종이었다. 아버지는 한 마리에 30~40킬로그램 정도인 동해안 대문어를 서너 마리씩 잡아 개선장군처럼 집으로 오셨다. 그런 날은 하루벌이만 100만 원이 넘었다. 부모님이 문어잡이로 번 돈으로 나는 대학 공부까지 마치고 고향의 방송사에 취직했다. 방송사에 취직해서는 후배 황지웅 피디와 함께 동해안의 문어잡이 이야기를 다룬 다큐멘터리〈MBC 다큐 스페셜 '동해대문어', 2013년〉를 제작했다.

라디오에서 흘러나오는 방송은 농촌이나 어촌, 아니면 서울 청계천의 봉제 공장에서 고단한 노동을 달래 주던 노동요였다. 몸은 일에 매어 있어도 방송을 들으면, 사랑을 하고, 외국에 가고, 고향에도 가 볼 수 있었다.

당시 아버지 세대가 애용하던 라디오는 비싸거나 좋은 제품이 아니었다. 오래 사용해 고무벨트가 낡은 카세트 플레이어에 테이프를 넣으면 음악이 늘어졌다. 버튼 하나쯤 빠져 있는 것은 흔했다. 안테나는 부러져 절반만 뻗어 나왔다. 이런 라디오는 지금도 동네 세탁소나 김밥 집에서 하루 종일 주인아주머니와 주인아저씨의 벗이 돼 준다. 혼자 있을 때면 노동의 고단함을 잊게 한다. 손님에게도 라디오에서 흘러나오는 이야기와 음악은 어색하지 않은 편안함을 준다.

아들의 라디오에는 없는 것

'우리 가족'의 첫 라디오는 아내가 혼수품으로 사온 티볼리 오디오 세트다. TV를 잘 보지 않던 나는 평생 쓸 라디오를 가지고 싶었다. 라디오와 CD 플레이어, 우퍼 스피커까지 4개를 한 세트로 100만 원에 구입했다. 티볼리 오디오는 우리 가족이 세 번이나 이사를 하면서 희로애락을 함께하고 있다. 티볼리 오디오는 전설적인 오디오 디자이너 '헨리 클로스Henry Closs'의 유작이다. 티볼리 모델1은 지금도 광고나 사진 등의 배경 소품으로 자주 등장한다.

우리 가족은 아침부터 저녁까지 라디오와 함께한다. 기상과 동시에 〈EBS〉 방송을 듣는다. 저녁은 〈KBS 클래식 FM〉의 시간이다. 식탁에서는 '세상의 모든 음악'을 들으며 만찬을 즐긴다. 아이들은 학교에서 있었던 일을 식탁에 올려놓는다. 아빠와 엄마도 그날 기뻤거나 슬펐던 일을 이야기한

'우리 가족'의 첫 라디오, 티볼리 오디오.
ⓒ 김형호

다. 식탁에서 한바탕 웃음이 지나고 서정적 음악이 나오면, 라디오 볼륨을 올리고 조용히 음악을 감상한다. 아이들도 라디오 소리가 커지면, 좋은 음악이라는 걸 본능적으로 안다. 빠른 템포의 피아노 곡은 식사를 재촉하는 것 같아 볼륨을 낮춘다. 다시 누군가 이야깃거리를 꺼내면 음악은 말소리에 묻힌다. 라디오 방송이 나오는 저녁 식탁에 앉는 건 우리 가족에게 경건한 의식이자, 안전한 울타리 안에서 편안함을 안겨 주는 일종의 안식이다.

이런 티볼리 라디오도 언젠가부터 밀려나기 시작했다. 라디오들의 인생을 알게 되면서 겉모습보다는 '내면'의 소리에 귀를 기울이게 됐기 때문이다. 투박해도 진솔한 사람에게 끌리는 것처럼 말이다. 전원을 켜고 끌 때 손끝에 전해지는 미묘한 끌림은 라디오가 손을 내미는 것만 같다.

일부러 세월의 때가 묻은 라디오를 찾는다. 시간이 내려앉은 라디오에는 허접한 모습이라도 어린 시절 아버지와 함께 들었던 생생함이 느껴진다. 거실에서 고상하게 듣는 티볼리 라디오는 온실에서 자란 화초처럼 세상의 변화를 모르는 것만 같다. 좋고 귀한 것은 치열한 삶의 터전으로 들어오지 못한다.

그 옛날 아버지의 나이가 되고 보니 새벽녘 라디오로 듣던 일기 예보의 의미를 알 것만 같다. 대학교에 다니는 큰아

들부터 줄줄이 초등학교와 중·고등학교에 다니는 자식들을 생각하면, 오늘도 바다에서 큰 문어를 잡아 와야 한다. 일엽편주一葉片舟. 나무배에 경운기 엔진을 얹은 통통배는 파도와 바람을 견디기에는 너무 나약했다. 아버지는 가끔 라디오에서 "내일 새벽에 돌풍이 불고, 높은 파도가 일겠습니다."라는 일기예보를 은근히 기대하며 쉬고 싶은 날이 있지 않았을까.

지역 방송국에서 기자로 일하는 나는 태풍이 온다고 하면 덜컥 겁이 나고, 강풍이 불면 산불이 나지 않을까 걱정한다. 언제 불려 나가 생방송 중계차를 타고 재난 현장을 연결해야 할지 모르기 때문이다. 아버지는 다섯 자식 중 어느 누구도 가업 잇기를 원하지 않으셨다. 힘들고 위험한 일을 자식에게는 물려주고 싶지 않은 게 모든 부모의 마음 아닌가. 아버지는 당신의 자식이 그날의 바다 조업을 결정하는 뉴스를 보도하는 일을 하게 될 걸 상상이나 하셨을까.

지금 아무리 멋진 라디오를 가지고 있어도 나의 첫 라디오는 아버지가 일기 예보를 듣던 그 라디오다. 기억마저 희미해 정확한 모양마저 떠오르지 않지만, 아버지가 남긴 유산은 삶과 연결된 라디오였다.

목숨 값과 바꾼 광부의 라디오

화신-소니 CF-570

독일산 라디오를 구매하는 핫라인이 있다. 독일에 사는 80대 한국인이다. 지금까지 산 물건이 여러 개 된다. 어느 순간 문자로만 구매를 결정하고 은행 계좌로 대금을 보낼 만큼 신뢰가 쌓였다.

몇 년 전 그분께 사바* 프라이부르크 모델을 살 때의 일이다. 최고급 진공관 라디오를 두고 몇 달을 고민하다 대금을 보냈다. 무게만 20킬로그램이 넘는 라디오. 독일에서

---

* 사바SABA는 독일어 'Schwarzwälder Apparate-Bau-Anstalt August Schwer Söhne GmbH'의 앞 글자를 딴 회사다. 독일어 발음으로는 '자바'이지만 영어권에서는 '사바'로 발음한다. 이 책에서는 '사바'로 통칭한다.

한국으로 어떻게 배송될지 궁금했다. 얼마 후 박스 두 개가 2~3일 간격으로 배송됐다. 솔직히 첫 인상은 관棺인 줄 알았다. 독일어로 'Bruchgefahr 파손 위험'이라고 적힌 붉은색 테이프를 뜯고 상자를 열어 보니 라디오가 시신처럼 누워 있었다. 종이 상자를 보고 왜 관을 떠올렸는지 모르겠다. 무의적으로 관이 생각났다. 독일과 라디오, 나치와 유대인. 이런 묵직한 관념이 저절로 퍼즐처럼 맞춰졌다. 종이 관은 독일 베를린 홀로코스트 기념 공원에 놓인 직육면체의 콘크리트 덩어리와 비슷했다. 독일 라디오를 대할 때마다 이런 원죄에 대한 반성이 전파되는 듯하다. 독일어 신문과 광고 포장지는 종이꽃처럼 구겨져 완충재 역할을 하고 있었다. 관 두 개에는 각각 외부 케이스와 내부 틀이 들어 있었다.

포장을 보고 감상에 빠져 있을 때가 아니었다. 이걸 어떻게 연결할지 막막했다. 영상 통화로 독일 판매자에게 전화를 걸었다. 몇 년 동안 라디오를 샀지만, 통화는 처음이었다. 물건이 배송되기 전에 영상으로 진공관 라디오 연결 방법을 안내받았지만, 처음 보는 모델이라 확인 전화가 필요했다. 무게 때문에 연결은 어른 두 명이 해야 했다. 돈까지 지불해준 내 반려자가 기꺼이 라디오 조립 작업을 도왔다. 죽어서 왔던 라디오는 영혼과 몸이 하나가 된 듯 완벽히 작동했다. 그때 라디오가 배송된 상자 중 하나를 지금도 보관하고 있다. 앞으로 이 라디오가 우리 집에서 나갈 일은 없겠지만, 이 역만리를 날아와 부활한 흔적을 남기고 싶었다.

독일에서 독일 라디오를 보내 준 한국인은 오명환 님이 다. 물건을 사고팔다 보면 인생사도 테이블 위에 올라온 다. 독일에는 왜 사시느냐고 물었다. 예상은 했지만, 파독 광부셨다. 그제야 독일 주소를 자세히 봤다. 게벨스베르 크Gevelsberg. 지도를 찾아 보니, 도르트문트와 에센 아래쪽 에 있는 독일 중부의 작은 도시였다. 파독 간호사로 온 부 인과 독일에서 결혼했고, 한국에도 가끔 온다는 이야기를 했다. 1976년 37세에 독일로 떠난 한국인 광부가 말도 안 통하는 타국에서 7년 동안 맞닥뜨린 삶이 쉽게 그려지지 않았다.

언젠가 축구 잡지에서 접한 독일 광부들의 축구 사랑 이 야기가 떠올랐다. 축구 에이전트로 밥벌이를 하고 있는 한 국계 독일인 마쿠스 한이 전하는 이야기였다.

"1년에 두 번 땅 밑(갱도)에 같이 들어가요. 선수들이 8시간씩 일을 합니다. 일이 끝나고 나오면 구단 관계자가 설명해요. '팬 들이 한 달 내내 이렇게 일해도 선수들 하루 경기 수당도 못 번 다. 그 돈에서 3분의 1은 경기 티켓과 유니폼을 사며 널 위해 쓴다.'"

독일이나 한국이나 탄광은 힘들고 고된 곳이다. 오죽하면 막장이란 말을 쓰겠는가. 그러니까 축구 구단은 선수들에게 클럽을 응원하는 광부들의 땀과 어려움을 기억하며 열정을 가지고 뛰어달라고 당부한 것이었다.

오명환 님이 보내 주는 반백 년이 넘은 라디오는 독일 전문가를 통해 완벽한 수리를 거친다. 라디오는 이국땅에서 죽은 이를 모셔 오는 듯 정성스럽게 포장돼 배송된다. 파독 한국인에게 라디오는 어떤 의미일까? 설 명절을 앞두고 그에게 연락했다. 오 선생님은 광부 일을 그만둔 후 식품회사에서 근무하다가 지금은 연금 생활자로 살고 있었다. 15년 전부터 독일산 라디오를 소일거리로 취급하는데, 라디오 구입과 판매가 은퇴 후 무료한 삶에 약간의 활기를 준다고 했다. 또한, 지금보다 훨씬 더 독일 사회에 녹아들지 못한 채 이방인으로 살았던 그 시절, 독일제 라디오의 가치를 새롭게 알아 가고 있으며, 이런 가치를 한국인들과 공유하고 싶어 했다. 어느덧 여든을 넘긴 재독 한국인에게 독일제 라디오는 물건의 가치를 재발견하는 대상이자, 고국과 소통하는 통로였다.

삶과 죽음의 경계, 막장의 기억

강원도 태백시 철암동의 파독광부기념관을 방문했을 때의 일이다. 유리벽 안에 박제된 라디오를 보고 왈칵 눈물을 쏟을 뻔 했다. 철암역은 지금도 탄광에서 캐낸 석탄을 기차로 실어 나르는 우리나라 최대 석탄 출하 기지다. 옛 농협 건물을 리모델링한 파독광부기념관은 1960~1970년대 독일을 다녀온 광부들의 물건을 전시해 놓았다. 독일 그룬딕Grundig부터 일본 산요Sanyo까지 당시 일반인들은 엄두를 내기 어려운 외제 라디오들이 놓여 있다.

탄광 지역은 1980년까지 우리나라에서 경제 활동이 가장 활발하게 이뤄졌던 곳이다. '개도 만 원짜리를 물고 다녔다'는 우스갯소리는 과거 이 지역의 분위기를 함축적으로 표현한 말이다. 강원도 탄광 지역에는 국내외에서 생산된 최고급 라디오들도 많았다. 지금도 폐광 지역에 살고 있는 분들은 최고급 전자 제품이 가장 잘 팔린 곳이 탄광 지역이었다고 말한다.

왜 그랬을까? 탄광 막장에 들어간 기억에서 답을 찾았다. 방송 기자로 일하면서 나는 탄광 막장에 두 번 들어가 본 적이 있다. 첫 번째는 입사 초기 삼척의 대한석탄공사 도계광업소였다. 당시 뉴스 꼭지는 탄광의 작업 여건이 과거에 비해 많이 개선됐다는 내용이었다. 광부에 대한 좋지 않은 인

광부–프로메테우스의 후예들.
ⓒ 전제훈

식을 바꾸기 위한 목적으로 탄광을 경험해 보라는 보도부장의 의도였다. 나중에 알게 된 사실이지만, 내가 들어간 곳은 정치인들이 오면 사진 촬영용으로 들어가는 비교적 안전한 작업장이었다.

두 번째는 10여 년 전 태백의 대한석탄공사 장성광업소였다. 당시는 여름 기온이 섭씨 40도에 육박할 정도로 무더웠다. 우리나라에서 가장 시원하다는 고원 도시 태백도 예외는 아니었다. 지하 탄광에서 일하는 사람들도 무더위에 고생한다는 뉴스를 제작하라는 지시가 내려왔다. 태백 지역 탄광의 갱도는 해발 고도 기준으로 지하 400미터에 있다. 정확히는 지하 375미터가 석탄을 캐는 장소다. 태백은 해발 고도 700~800미터에 있는 도시다. 탄광 작업장은 입구에서 지하로 1,000미터를 내려가야 한다. 지금도 가끔 탄광 사망 사고가 발생하는데, 안전 조치마저 허술했던 40~50년 전에는 오죽했으랴. 내가 태백에 주재했던 2012년에도 장성광업소에서는 8명의 사상자가 발생하는 탄광 사고가 있었다.

실전 작업장은 사선을 넘는 듯했다. 막장까지 가는 데에만 한 시간이 걸렸다. 길이 없으면 동발광산 지지목을 세우며 길을 만들어야 했다. 암반 때문에 몸이 겨우 빠져 나갈 정도의 좁은 공간을 지나 진짜 '막장'에 도착했다. 그때 뉴스를 다시 보면, 화면으로 전하지 못한 감정이 아직도 솟구친다.

숨이 멎을 듯한 답답함, 안전모 등불에 분사되는 먼지들, 지하 1,000미터라는 인식에서 오는 공포감. 다시는 그곳에 들어갈 용기가 없다. 지금도 탄광에서 일하며 탄광 사진을 찍는 전제훈 사진작가의 작품을 보면, 현실보다 더 현실 같은 현장이 느껴진다. 노동의 고귀함에 존경을 표하며, 전제훈 작가의 작품을 이 책에 실을 수 있게 돼 영광이다.

1970~1980년대 탄광 지역은 돈벌이를 위해 전국에서 모여든 곳이었다. 광부만 있었던 건 아니었다. 소득이 높은 지역이다 보니 실력 있는 교사들이 모였고, 인구가 많아서 시장은 상인과 손님 들로 항상 붐볐다. 읍사무소와 경찰서 등 여러 관공서도 있었다. 태백시에는 지금도 고용노동부 태백지청과 생소한 이름의 광산안전사무소가 있다. 이런 국가기관은 예나 지금이나 탄광 지역에서 노동과 안전 사고가 중요한 일이라는 걸 말해 준다.

탄광 지역에서는 학교 수업 중이던 학생들이 갑자기 집으로 호출되는 일이 있었다. 공부하기 싫었던 같은 반 친구들은 먼저 집으로 가는 아이가 괜히 부러웠다. 나중에서야 그 친구가 급하게 돌아간 이유를 알았다. 탄광에서 사고가 나 아버지가 매몰된 것이었다. 구사일생으로 구조되기도 했지만, 탄광 사고는 대부분 사망으로 이어졌다. 학교에서 집으로 돌아간 아이는 지하에서 매몰돼 언제 나올지 모를 아버지를 기다렸던 것이다.

탄광 입구에서 담요가 덮인 들것이 나오면 사람들이 몰려들었다. 죽었든 살았든 담요를 걷어 내지 못했다. 곡소리가 나면 곧장 눈물바다가 됐다. 다행히 살아오는 광부가 있더라도 기뻐할 수 없었다. 삶과 죽음은 탄광의 입구에서 어떻게 판가름 날지 몰랐다. 이런 죽음의 의미를 몰랐던 탄광 지역 아이들은 어른이 돼서야 수업 중에 갑자기 누가 찾아오는 게 결코 반가운 일이 아니었다는 걸 알게 됐다.

"살아 있음에 감사하는 소리"

광부들은 언제 죽을지 모르는 심정으로 사지死地에서 일했다. 돈을 잘 벌기도 했지만 힘든 노동의 보상 심리로 거침없이 소비했다. 그래서 TV와 함께 집집마다 하나씩 있었던 물건이 붐 박스였다. 붐 박스는 지금 기준으로 100만 원 정도하는 비싼 가전제품이었다. '야전 전축'으로 알려진 붐 박스는 세계적으로 젊은이들이 길거리에서 노래를 들으며 춤을 추고 놀던 문화의 상징이었다. 우리나라에서도 소풍지 등 야외에서 음악에 맞춰 춤을 추던 물건이다.

광부들이 힘든 노동을 마치고 집으로 돌아온 순간은 '오늘 하루도 무사히'의 마침이었다. 붐 박스의 카세트 플레이어로 '트로트 음악'을 듣는 순간은 가장 평화로운 시간이었을지 모른다.

그 시절 광부들에게 어울리는 붐 박스로 화신전자의 CF-570 모델이 떠올랐다. 화신전자와 소니가 합작해서 생산한 스테레오 자이언트 붐 박스는 탄광이 붐이었던 1970~1980년대와 시기적으로도 일치한다. 우리나라의 탄광은 일제 강점기에 개발된 적산 기업의 유산이다. 라디오 제조 기술이 부족해 일본과 합작할 수밖에 없었던 1970년대는 탄광의 운명과도 닮았다. 소니의 CF-570 모델을 기반으로 만들어진 붐 박스는 제조사 이름 자리에 'Whashin-Sony'라고 적혀 있다. 가운데 카세트테이프가 들어가는 공간은 양쪽 스피커에 비해 왜소해 보인다. 상단 금속 재질의 조정 장치들은 고급스럽다. CF-570은 소니의 명품 라디오인 CF-580 라인업과도 연결된다. 전원을 켜고 라디오 방송을 들어 보면 진공관만큼은 아니지만, 트랜지스터라디오가 낼 수 있는 최고의 사운드가 나온다. 이 붐 박스는 지금도 강원도의 탄광문화촌에 전시돼 있다.

폐광 지역이란 말에서 풍기는 쇠락한 어감은 탄광 지역의 전시관마저 영혼 없는 쓸쓸한 모습으로 바꿔 버렸다. 집집마다 있던 붐 박스를 고장 난 상태로 꺼내 놓고 "옛날이 좋았지."라고 신세 한탄하는 듯하다. 전시된 붐 박스에는 그

화신-소니 CF-570.
ⓒ 김형호

옛날 광부들의 절박한 숨결이 느껴지지 않는다.

굳이 탄광과 라디오의 공통점을 찾자면 광석이다. 탄광은 검은 황금인 석탄을 캐는 곳이었고, 라디오에는 수신 전파에서 신호를 가려내는 검파기Detector라는 장치가 있다. 긴 막대기에 코일을 감은 형태인데, 주재료가 흑연이다. 지하자원의 쓰임은 다르겠지만, 암흑에서 열과 소리의 재료가 만들어졌다. 어쩌면 라디오와 붐 박스는 오늘날 폐광 지역에 보내는 오마주Hommage였는지 모른다.

두 번째로 막장에 들어갔다 온 이후 나는 탄광 안에 들어가는 것 자체가 얼마나 힘든 일인지를 알게 됐다. 체온과 맞먹는 막장의 온도, 90도가 넘는 습도. 지상에서 에어컨 바람이 들어오지 않으면 한순간도 버티기 힘들다. 지금도 광부들은 석탄 먼지 속 지하에서 아내가 싸 준 도시락을 먹으며 가족의 생계를 책임진다. 광부들에게 붐 박스 라디오는 저항도 여흥도 아닌 그냥 살아 있음에 감사하는 소리일 뿐이다.

—
사회주의 표정이 담긴
'소련제 라디오' 추적기

셀레나 B210 & 러시아 303

2019년 방영된 드라마 '체르노빌'은 우크라이나 체르노빌 원전 폭발 사고를 다룬 장편 드라마다. 다섯 편의 비극을 보고 나면, '은폐'와 '희생'이라는 말이 떠오르며 분노가 치밀어 오른다. 소련 정부는 방사능이 생명에 미치는 영향을 정확히 알려 주지 않고, 사고 수습을 위해 군인들을 투입한다. 소련 국민들은 물론이고 주변국에게까지 원자로가 터진 상황을 은폐한다. 보이지 않는 방사능에 맞서는 일은 말 그대로 사투가 된다.

라디오 수집가인 나는 이런 대작을 보면서도 '숨은 라디오 찾기'를 한다. 영상에 보이는 라디오의 모델 이름을 찾고, 소품으로서 적당했는지 분석한다. 드라마 '체르노빌'에는 두 대의 라디오가 등장한다.

첫 번째 라디오는 2화의 도입부에서 나온다. 토요일 아침, 라디오에서 우크라이나어로 된 장엄한 시가 남성의 목소리를 통해 흘러나온다. 앞으로 펼쳐질 서사를 예고하는 느낌이다. 라디오에서 시가 울려 퍼진 장소는 벨라루스의 원자력 에너지 연구소. 극중 인물이 라디오를 끄고 창문을 여는 순간, 연구실의 방사능 경보기가 울린다.

드라마에서 방사능 유출을 가장 먼저 인지한 곳은 벨라루스로 묘사된다. 벨라루스의 민스크는 우크라이나의 체르노빌과 직선거리로 300킬로미터가량 떨어져 있다. 체르노빌에서 소련의 수도였던 모스크바까지는 700킬로미터쯤 된다. 정부의 공식적인 사고 발표가 없는 상황에서 체르노빌과 인접한 연방국이었던 벨라루스가 방사능 유출을 먼저 알 수 있었다는 설정은 꽤 합리적이다.

여기서 등장한 라디오는 셀레나Selena B210 시리즈 모델이다. 드라마 '체르노빌'은 왜 셀레나 라디오를 선택했을까. 셀레나는 벨라루스의 수도인 민스크에서 만들어진 소련의 대표적인 전자 제품 브랜드였다. 오늘날로 치면 대기업 전자 회사쯤 된다. 국가 기관의 연구실이라면 이 라디오가 있는 게 어색하지 않다.

셀레나 라디오는 민스크 라디오 생산 조합Minsk Radio Works

위— 드라마 '체르노빌'의 한 장면. 극중 인물 뒤에 있는 라디오는 셀레나 B210 시리즈 모델로 추정된다. ⓒ '체르노빌' 화면 갈무리

아래— 셀레나 B210. ⓒ Wikipedia

이 만들었다. 1970년대부터 1980년대까지 B210 시리즈를 생산했다. 드라마 '체르노빌'에 등장하는 라디오는 B216 또는 B217 모델로 추정된다. 체르노빌 원전 사고가 일어난 1986년은 이 라디오 모델이 널리 사용됐을 시기다. 라디오에는 사각형의 하드 케이스 가방에 어울리는 손잡이가 달렸다. 들고 다닐 수는 있지만, 측면을 감싼 목재와 묵직한 무게감 때문에 라디오를 실제로 가지고 다니기에는 부담스럽다. 사무실이나 관공서에서 미디어 매체로서 중요한 자리에 놓여 있기에 적당하다. 라디오 전면은 은색 플라스틱으로 마감돼 있다. FM과 AM 방송은 기본이고, 여러 개의 단파 주파수를 선택할 수 있다.

드라마 제작진은 고증을 제대로 한 것 같다. 그렇다면 이 라디오의 성능이 궁금해진다. 당시 소련에서는 코스모스Cosmos, 셀가Selga, 시그날Signal, 소콜Sokol 등 여러 브랜드의 라디오가 생산됐다. 벨라루스의 라디오 생산 조합에서는 셀레나뿐만 아니라 오킨Okean이란 브랜드도 생산했다. 셀레나Selena는 라틴어로 '하늘', 그리스어로 '달의 여신Selene'을 뜻한다. 오킨Okean은 영어의 오션ocean, 즉 '대양'이라는 의미다.

벨라루스 라디오의 후보군에서 오킨은 작은 소형 라디오의 브랜드 이름으로 사용됐다. 작다는 건 드넓은 소련에서 좋은 수신력을 발휘하기 어렵다는 뜻이다. 반면, 셀레나 라디오는 비교적 큰 형태로 제작됐다. FM, 중파Medium Wave와 장파Long Wave는 기본이고, 단파Short Wave도 5개 대역으로 세분화해 수신할 수 있다. 소련 연방 국가들의 방송까지 들으려면 이 정도의 주파수 대역을 가진 제품은 국가 기관에서 필수였을 터다. 드라마 '체르노빌'에서 벨라루스와 1986년이란 시간과 장소를 한눈에 보여 주는 소품으로 셀레나 라디오를 대체할 물건을 찾기는 어렵다.

두 번째 라디오는 4화에 등장한다. 주민들을 대피시킨 마을에 남은 가축이나 반려동물을 살殺처분하는 임무를 맡은 군인들이 사용하는 라디오다. 죄 없는 동물들을 땅에 묻고 그 위로 콘크리트를 붓는 잿빛 화면에서 앳된 군인은 트럭에 걸터앉아 두 손으로 라디오를 감싼다. 군인은 왜 이런 일을 해야만 하는지, 무슨 일이 벌어진 것인지 정확히 알고 싶었을 것이다. 하지만 흘러나오는 방송은 평온하기만 하다.

이 장면에서는 라디오 본체가 제대로 노출되지 않는다. 긴 안테나와 라디오 본체의 왼쪽 상단 정도만 나온다. 나는 소장하고 있는 '메이드 인 소비에트연합Made in USSR' 라디오를 펼쳐 놓고 후보군을 추려 봤다. 가장 눈에 띄는 특징은 길게 뻗은 안테나다. 두 손으로 들고 있는 라디오는 절반 이상이 가려졌다. 뒷면은 검은색 플라스틱이라 형태가 잘

위— 앳된 군인이 두 손으로 감싼 저 라디오는 '러시아 303'으로 추정된다.
ⓒ '체르노빌' 화면 갈무리

아래— 러시아 303. ⓒ 김형호

보이지 않는다. 메탈 계열의 전면 상단부의 주파수 창에서 특이점을 찾을 수 있었다. 톱니처럼 디자인된 주파수 창의 둘레를 보고 우랄산맥 인근 도시 첼랴빈스크Chelyabinsk에서 생산된 '러시아 Россия 303' 라디오로 답을 좁혔다.

러시아 303 모델로 가정하고, 이 모델을 사용한 이유를 나름대로 분석해 봤다. 이 모델은 크기가 작아 휴대하기 편리하고 안테나가 길어 넓은 소련 영토에서 훌륭한 방송 수신력을 발휘했다. 생산 연도도 1970년대 중반부터 1980년대 초반까지였다. 드라마에서처럼 실제 군인들이 사용했을 가능성이 높다. 소련제 라디오 중에는 이런 소형 휴대용 모델이 많다. 이 장면에 쓰인 라디오 모델 자체에 특별한 의미를 담았다고는 생각되지 않는다. 드라마 제작진은 이 당시 생산됐을 라디오에서 적당한 모델을 고민했을 것이다. 이 장면에서는 영상에서 어울리느냐가 더 중요했던 것 같다.

러시아 303 라디오는 1970년대부터 1980년대 초반에 생산됐다. 체르노빌 사고는 1986년에 발생했다. 군인이 이 라디오를 가지고 있었다면, 적어도 구입한 지 5년은 넘었다는 얘기다. 드라마에서 휴대용 라디오는 단순한 소품 이상의 의미를 담고 있지는 않아 보인다. 1970년대 소련 라디오에는 중파와 장파, 그리고 단파까지 4대 주파수 밴드가 들어가는 제품이 흔했다. 러시아 303도 이런 성능을 가진 라디오 중에 하나였다. 다만, 크기와 색깔, 라디오 안테나에서 내뿜는 아우라가 이 장면의 연출에 적당했다고 생각한다.

주파수 창에 드리워진 냉전의 그림자

우리나라에서 냉전 시대 공산권을 다루는 콘텐츠를 만든다면, 현실성을 높여 줄 라디오 모델이 있다. 1970년대 러시아 모스크바에서 생산된 '소콜 라디오'다. 'Model Sokol 308 FM-AM'이라는 이름이 적힌 라디오는 외장이 메탈 계열의 은색이다. 건전지로 작동하고 안테나가 길게 뻗어 나오는 특징이 있다. 이 라디오를 추천하는 가장 큰 이유는 주파수 창에 새겨진 도시 이름 때문이다.

이 라디오의 주파수 창에는 '레닌그라드'가 새겨져 있다. 지금은 상트페테르부르크로 불리는 도시다. 상트페테르부르크는 1703년 표트르 대제가 건설한, 러시아 제2의 도시다. 러시아가 사회주의 혁명에 성공하고 1924년 레닌이 죽자 '레닌그라드 레닌의 도시'로 이름이 바뀌었다가, 소련이 해체된 1991년 상트페테르부르크라는 이름을 되찾았다. 레닌그라드라는 도시 이름이 라디오에 적혔을 당시에는 소련이 건재할 때였다. 라디오 주파수 창에는 바르샤바와 베오그라드, 프라하, 부다페스트 등 소련 주변국 도시 이름이 대부분

소콜 308.
이 라디오처럼 주파수 창에 '헬싱키'가 새겨져 있다면,
그 라디오는 소련과 관계가 깊다고 볼 수 있다. ⓒ 김형호

이다. 무엇보다 소련과 친했던 서방 국가였던 핀란드의 수도, 헬싱키의 이름도 볼 수 있다. 냉전 시대 서독과 영국, 프랑스 등 자유 진영의 국가들이 만든 라디오의 주파수 창에서는 헬싱키의 이름을 보기가 어렵다.

소련과 접해 있었던 핀란드는 자유 진영의 최전선이면서도 친親소련국이라는 의심을 받았다. 핀란드는 1917년 볼셰비키 혁명 때 독립하기 전까지 100여 년 동안 러시아의 식민지였다. 또한 제2차 세계대전 당시 '겨울 전쟁'을 거치면서 다시 국토의 일부를 소련에게 빼앗겼다. 상트페테르부르크에 가까이 위치한 핀란드로서는 냉전 시대에 언제 소비에트 연방에게 점령당할지 모르는 상황이었다. 재레드 다이아몬드의 저서 《대변동 위기, 선택, 변화》에서는 핀란드의 이런 지정학적 행동에 대해 다룬다. 공산권에 속하지 않고 자유주의 진영이었던 핀란드는 소련에게 신뢰감을 주며 가깝게 지냈다. 소련도 핀란드를 위성국보다는 독립 국가로서 존재하며, 자신들과 서구 세계 사이에서 완충 지대로 있는 게 더 가치가 있다고 생각했다.

나는 소련제 라디오에 적힌 헬싱키라는 도시 이름이 핀란드의 친소련적인 외교 전략이 통했음을 보여 준다고 생각한다. 러시아와 핀란드, 상트페테르부르크와 레닌그라드, 헬싱키는 많은 사연을 담고 있다. 이런 역사적 배경을 함축적으로 보여 주는 라디오가 소콜 모델이다.

　냉전 시대, 미지의 세계나 마찬가지였던 사회주의권을 라디오로 다시 만나는 것은 숨은 그림 찾기처럼 흥미롭다. 디자인은 또 어떤가. 당시 그들의 문화적 세계관을 보여 준다. 군더더기 없는 케이스와 무채색에서 사회주의의 표정이 보인다. 사회주의권의 라디오는 냉전을 이해하는 고고학적 생활 유물이다. 탈냉전 시대라고는 하지만, 우리는 전 세계의 반을 모르고 살아왔던 과거가 있다. 정치적 이념이 아닌 생활사적으로 사회주의권 라디오는 시대의 재발견이다.

세월을 간직한 라디오의 변신

제니스 835

나는 단독 주택에 산다. 단독 주택에 거주하는 표면적 이유는 라디오 수집이다. 오디오를 듣는 사람들이 그렇듯 라디오로 음악을 크게 듣는 데 이만큼 좋은 장소가 없다. 라디오 보관 장소로도 주택은 제격이다. 아파트에서 단독 주택으로 이사하고, 잠깐 동안 지하실을 라디오 창고로 사용했다.

지금 살고 있는 집을 좋아하는 또 하나의 이유는 '또 다른 나'라는 생각 때문이다. 건축물대장을 보면 내가 태어난 해에 이 집이 지어진 것으로 나온다. 집은 나뿐만 아니라 아내와도 동갑이다.

40년 이상을 버틴 집이 풍파에 온전할 리가 없다. 바로 옆집과 쌍둥이로 지어진 벽돌집은 아담한 유럽풍이었는데, 추위와 누수 문제로 리모델링을 했다. 벽체 보강과 내부 인테리어에 꽤 많은 돈이 들었다. 단독 주택은 손이 많이 간다. 아파트에 살 때는 몰랐는데, 주택은 살아 있는 생명처럼 늙어 간다. 벽면이나 바닥이 갈라지는 건 자연스러운 일이다. 이럴 때는 벌어진 틈에 실리콘을 쏘거나 콘크리트 미장을 해야 한다. 마당은 늘 잡초와 싸움을 벌여야 하는 전쟁터다. 나무 데크는 벌레가 먹지 않고 썩지 않도록 기름칠, 일명 오일 스테인을 정기적으로 해 줘야 한다. 매년 반복하는 일이라 이제는 누구에게 맡기지 않고 직접 한다. 그러면서 집에 정이 들고, 집과 사람은 나이가 든다.

우리 집이 더 특별한 이유는 담장 옆집이 처가이기 때문이다. 아내의 어린 시절 사진에는 마당에서 오빠, 동생과 놀던 추억이 담겨 있다. 고향 집에 돌아와 산다는 건 생각만 해도 좋은 일이다. 정작 내 반려자는 단독 주택이 아파트보다 불편하다며 불만이다. 겨울에는 춥고, 여름 장마에는 물이 샐까 걱정이다. 산동네 집은 영동 지역의 소문난 봄바람을 맨몸으로 맞는다. 몇 년 전에는 집 근처까지 산불이 번져 연기 때문에 피난을 간 적도 있다. 그럼에도 집에서 내려다보는 강릉 남대천의 풍경은 일품이다. 아파트 2~3층 높이의 계단을 아침저녁으로 오르내리는 건 건강을 위한 운동쯤으로 생각하면 마음이 편하다.

오래된 집을 모두가 좋아하지 않듯, 오래된 라디오도 모두에게 환영받지는 못한다. 그것이 부모, 조부모의 물건이라 할지라도 말이다. 호주에서 중고 라디오를 살 때의 일이다. 나의 친형 마크가 라디오 주인을 직접 만나서 물건을 받아오자고 했다. 요양원에 들어가기 전에 물건을 정리하던 트리시 리어Trish Lear 할머니를 만난 게 그때였다. 할머니는 오래된 JVC 라디오를 매물로 내놨다. 집에서 우리 일행을 맞은 할머니는 본인 아버지와 함께한 라디오에 얽힌 추억을 얘기했다. 어린 시절 피아노 옆에 놓인 라디오에서 나오는 음악에 맞춰 아빠 손을 잡고 춤을 췄던 기억을 간직하고 있었다. 우리는 이런 물건과 이야기를 수집해 박물관을 만들 거라고 했다. 할머니는 추억이 담긴 라디오가 동양의 어느 나라에서 전시되는 건 영광스러운 일이라며 기뻐했다.

나는 왜 자식에게 라디오를 물려주지 않느냐고 물었다. 할머니는 늙은 노인처럼 낡고 오래된 라디오를 젊은이들이 더 이상 좋아하지 않는다고 했다. 할머니 라디오에 있는 TV 모니터 화면은 오늘날엔 무용지물이다. 더 이상 아날로그 전파를 송신하는 방송 영상이 없기 때문이다. 카세트 플레이어는 모터 연결 고무줄이 낡아 돌아가지 않는다. 작동되는 것은 라디오뿐이다. 라디오의 먼지만 털어내면 TV 브라운관의 세월의 켜와 JVC 라디오 스피커의 생생함이 꽤 팬

트리시 할머니의 JVC 라디오.
ⓒ 김형호

찮다. 오스트레일리아 이민 역사와 할머니의 추억까지 없으면 트리시 할머니의 라디오는 박물관에 있기에 충분하다.

완성된 자동차보다 자동차 개별 부품 값의 총합이 더 비싸다는 우스갯소리가 있다. 클래식 자동차를 복원하거나 수리하는 데에는 부품 하나하나가 중요하다. 라디오 역시 말해 뭐하겠는가. 오래된 라디오에서는 스피커가 상당한 값어치를 한다. 고급 라디오는 오디오 수준으로 제작됐기 때문에 좋은 스피커를 사용한다. 오래된 진공관 라디오에서는 주파수 창에 글씨가 새겨진 유리판이 오늘날 귀한 대접을 받는다. 진공관은 현재 생산되지 않는 부품이라 희귀하다. 반세기 전에 생산된 라디오를 복원하거나 수리하기 위해서는 진공관이 핵심이다. 나무로 제작된 라디오 상자는 오래된 가구처럼 친근하고 닦을수록 윤이 난다.

먼지 쓴 라디오의 생명력

레디메이드Ready-made 라디오 중에서 오늘날에도 생명력을 잃지 않는 물건을 나는 '모던 라디오'라 부른다. 디자인이 시대를 초월하고, 스피커 소리도 웬만한 최신 음향 기기보다 뛰어나다.

무선 스피커가 대세인 오늘날, 이런 오래된 모던 라디오는 블루투스 기능을 추가해 새롭게 부활시킬 수 있다. 라디오 외부 입력 단자에 블루투스 송신기를 꽂기만 하면, 오래된 라디오는 스마트폰과 무선으로 연결되는 블루투스 스피커가 된다.

블루투스 기능으로 리모델링할 수 있는 모던 라디오는 진공관 라디오와 붐 박스가 적당하다. 그중에서 내가 블루투스 연결로 재탄생시키고 싶은 라디오 모델은 미국 제니스의 진공관 라디오 835 모델이다. 시계 바늘처럼 생긴 주파수 바늘은 AM과 FM 방송을 선택해서 수신할 수 있다. 패브릭 뒤에는 원형판 크기의 우퍼 스피커가 웅장한 소리를 낸다. 양쪽 상단에는 각각 고음을 내는 트위터 스피커가 자리한다. 835 모델은 장식품으로도 손색이 없다. 얼핏 시계로 착각할 수 있는 물건에서 사운드가 나오면 잠시 멈칫하게 된다. 이 라디오의 스피커에서 나오는 음악을 들으면 모노드라마를 보는 것 같다. 기술적으로는 스테레오가 아닌 모노 방식이기 때문이겠지만, 가운데 우퍼가 뿜어내는 소리는 무반주곡처럼 군더더기가 없다.

1950년대부터 생산된, 시계 바늘을 연상시키는 주파수 바늘의 라디오 모델은 재질과 디자인 변화에 따라 H725 부터 832, 835, 845까지 다양하다. 시계 바늘 주파수 디자인은 1934년과 1935년 제작된 제니스의 가구형 라디오

제니스 835.
ⓒ 김형호

가 원형이다. 크롬그릴 라디오 834와 835 모델이 이때 생산됐다. 정식 명칭은 '크롬그릴 툼스톤 라디오Chrome-Grille Tombstone Radio'로 10개의 진공관과 5개 주파수 밴드로 이뤄졌다. 이때부터 10인치 스피커는 주파수 창 패브릭 그릴 뒤에 숨었다.

환갑의 세월을 넘긴 라디오가 블루투스로 연결돼 스마트폰의 음악을 들려주는 상상을 해 보라. 노쇠한 노인의 음색을 생각할 수 있겠지만, 재즈 음색처럼 무거우면서도 깊다. 저음과 고음을 조절할 수 있는 장치까지 달려 있으니 각자의 귀를 믿으면 된다.

단독 주택으로 이사 온 지 2년쯤 됐을 때 일이다. 일요일 점심나절에 대문 밖이 소란스러웠다. 마당에 있는 진돗개가 계속 짖어댔다. 담장 너머에 중년의 자매가 아이들을 데리고 서 있었다. 어떻게 오셨냐고 물으니 자매는 어린 시절 이집에 살았다고 했다. 그녀들의 아버지가 이 집을 지었고, 옆집 친구와 놀던 기억까지 간직하고 있었다. 지금도 강릉에 살면서 오가며 옛날 고향 집이 변함없이 있음에 감사하고 있다며 인사를 건넸다. 집을 소유의 개념이 아닌 거주의 개념으로 보면 내가 살기 전에 누가 있었고, 내가 떠난 후에도 누군가 살게 된다. 물건으로서 라디오도 설사 누군가에게 팔리더라도 추억과 시간이 쌓인 집의 구성원이 된다.

집을 보살피는 건 단독 주택에 사는 숙명이다. 사계절을 보내면 집은 상처투성이가 된다. 봄의 강풍과 여름의 폭염, 가을 태풍, 겨울의 강추위와 폭설에 지붕과 창틀, 벽면에는 균열이 생긴다. 그때그때 만져 줘야 오래가고 서서히 늙는다. 집만큼이나 오래된 라디오는 어떨까? 지긋지긋하게 가난했던 시절의 라디오에는 희로애락이 담겼다. 카세트테이프 작동도 안 되고 소리마저 들쑥날쑥한 고물은 버리고 싶은 집의 일부일지 모른다. 라디오는 외부의 세상 풍파를 비껴갔지만, 퇴물로 방치된 무관심이 서러울 뿐이다. 자식이 자라고, 부모가 나이 들어 가는 모습을 묵묵히 담아 온 집, 그 안에서 이런 세월을 지켜보고 기록한 가족의 라디오. 이제는 먼지를 뒤집어쓴 오래된 라디오도 깨어날 자격이 있다. Turn on the Radio.

라디오의 집, 모던춘지

계절마다 거실에 두는 라디오를 바꾼다. 우리 가족의 첫 라디오인 티볼리 라디오는 지금은 장식품 신세가 됐다. 티볼리는 외형은 감성적이지만, 음색은 아날로그의 묵직함이 부족하다. 어느 순간부터 쉽게 손이 닿지 않는 선반 위쪽에 고이 모셔 놓게 됐다. 라디오 수집의 세계에 빠져들수록 겉모습과 음색에서 꾸밈이 없는 것을 찾는다. 새로운 라디오가 생길 때면 사용법과 소리, 공간을 차지하는 감정을 느끼고 싶어진다. 창문 밖 풍경과 날씨에 따라 집안 곳곳에 있는 라디오를 거실로 꺼낸다. 비가 오는 날이나 늦은 밤에는 저음의 진공관 라디오가, 가을날 아침에는 가볍고 경쾌한 음색의 독일제 트랜지스터라디오가 어울린다.

요즘 거실에서 듣는 라디오는 5개의 방송을 저장할 수 있는 피셔Fisher 100 모델이다. 미국제라 110볼트 변압기를 써야 하지만, 음색과 라디오 크기, 주파수 저장 기능 등에서 실용적인 제품이다. 피셔는 오디오 전문 회사답게 중소형 라디오에서도 감성적인 소리를 만들어 낸다. 무엇보다 선호하는 방송을 저장해서 들을 수 있는 프리셋Preset 기능이 편리하다. 주파수 저장 기능은 오늘날 자동차 라디오에서, 자주 듣는 라디오 방송 주파수를 숫자로 저장했다가 불러오는 것과 같은 원리다. 방송 주파수 저장 개수를 고려할 때 피셔 100은 당분간 거실 한구석을 차지할 것 같다.

최근 들어 주파수 저장 기능으로 듣는 라디오 방송에 문제가 생겼다. 자주 잡음이 들린다. 잡음은 흔히 주파수 간섭으로 발생하는데, 증상은 대략 이렇다. 사람이 멀리 떨어져 있으면 방송이 깨끗하게 나오다가도, 사람이 가까이 가거나 거실 의자에 앉으면 라디오 소리보다 잡음이 더 크다. 전자레인지로 음식을 데울 때면 누군가가 다른 주파수로 돌리는 것 같다. 사람 몸에서 흘러나오는 미세한 전파, 음식을 데우는 전자레인지에서 뿜어져 나오는 고주파 등이 주파수를 수신하는 라디오에 영향을 주는 것이다.

생활 속 주파수에 방향을 잃는 라디오를 보고 있으면 "원하는 게 무엇이냐?"라는 물음에 "햇빛이나 가리지 말고 조

금 비켜 주십시오."라고 했던 2500년 전 그리스 철학자 디오
게네스Diogenes가 생각난다. 살아온 날이 라디오보다 적은 누
군가가 앞에서 알짱거리며 방송을 방해한다면, 환갑을 바라
보는 라디오로서는 썩 기분이 좋을 리가 없다. 피셔 100 라디
오를 켤 때면, 해를 가리는 것만 같아 2~3미터쯤 떨어진다.
두 세대를 지나 아직도 작동하는 '어른'에 대한 예의다.

　내가 가지고 있는 라디오는 대부분 내 나이보다 많다. 내
가 태어나기 전에 생산됐고, 지금도 작동한다. 전자 제품을
생명체로 여기는 게 이상할 수 있지만, 전원을 끄면 죽고 켜
면 사는 게 전자 제품의 생사가 아닐까. 전원을 켜도 작동되
지 않으면 영영 죽은 것이겠지만, 고쳐서 다시 살릴 수 있는
게 라디오가 가진 삶과 죽음의 원리다. 50년 이상 된 진공관
라디오는 겉모양에서 중년의 여인과 신사가 떠오른다. 모자
를 쓰고 잘 차려입고는 양산이나 지팡이를 들고 외출을 나
온 것 같다. 중년의 이미지에는 중후함 뒤에 쓸쓸함이 숨어
있다. '꼰대'로서 외로움마저 느끼는 게 현실이지만, 반백 살
의 라디오에게는 인생의 지혜를 묻고 싶어진다.

　오래된 라디오는 예전이나 지금이나 세상의 소식을 묵묵
히 전한다. 한 집안의 역사도 조용히 지켜봤을 것이다. 격변
기에는 세상일에 관여하지 않고 관조했을 것이다. 달관한
인생 선배처럼 보인다. 잘 수리해 보관한다면 나보다 더 오

래 살 게 분명하다.

라디오를 수집하며 다양한 '라디오 멘토'를 만나다 보면 희열을 느낀다. 재야의 고수를 찾아 나서는 것처럼 세상의 라디오를 찾다 보니 어느덧 한 개, 두 개 모여 백 개가 되고, 천 개가 됐다.

라디오 수집가의 고민

라디오를 어떻게 보관할 것인가, 아니 라디오가 편안함을 느낄 수 있도록 어떻게 할 것인가. 이는 라디오 수집가에게 큰 고민거리다. 이 단계를 넘느냐 못 넘느냐가 수집가로서 남느냐 못 남느냐의 중대한 기로다. 학창 시절에 한번쯤 수집했을 우표나 동전이 지금 손에 없는 건 다른 물건에 자리를 빼앗겼기 때문이다. 이사를 자주 하지 않은 사람이라면 집 안 어딘가에 수집품이 처박혀 있을지 모른다. 하지만 진학과 결혼, 직장 생활로 몇 번의 이사를 거치면 어설픈 수집품은 이삿짐 틈에서 살아남기 어렵다. 나에게도 이런 고비가 있었다.

강릉의 단독 주택으로 이사 오면서 가장 마음에 들었던 건 지하실이었다. 아파트에서 거주할 때, 옷 방과 거실 책장, 부엌 선반까지 점령했던 라디오를 안전하게 보관할 공간이 생겼기 때문이다. 하지만 여름을 지나면서 지하실 습기가 라디오에 치명적이라는 사실을 알게 됐다. 사람도 버티기 힘든 무더위에 50년쯤 된 라디오를 지하실에 둔다는 건 사실상 방치나 마찬가지였다. 내부 회로의 전선은 이미 굳어 버렸고, 납땜 연결 부위는 언제 떨어질지 모르는 상태에서 급격한 온도 변화와 습도 변화를 맞이하면 언제 생명 줄이 끊어져도 이상하지 않을 일이었다. 인공호흡기를 쓰듯 제습기와 선풍기를 틀고 여름 장마를 버텼다.

그러던 어느 날, 이런 임시방편도 손을 들게 한 사건이 생겼다. 오래된 라디오를 전문적으로 거래하는 인터넷 사이트에 100여 대를 한꺼번에 판다는 글이 올라왔다. 판매자는 급하게 처분하는 것이라 당장 가져가야 한다는 조건을 달았다. 서울에 있는 물건을, 밤에, 그것도 강릉까지 옮겨야 했다. 더욱이 사진만 보고 100여 대 라디오의 가치를 판단해야 했다. 판매자는 라디오를 찍은 여러 장의 사진을 보냈다. 도미노처럼 길게 바닥에 늘어선 라디오는 사열을 받는 군인 같았다. 직접 확인할 수 없어서 작동 여부를 알 수 없었지만, 적어도 라디오 몇 개는 10만 원 이상의 가치가 있어 보였다. 결국 급하게 개인 용달차를 섭외해서 밤늦게 물건을 실어 오는 작전을 펼쳤다. 산동네 계단을 몇 번 오르내리고 나서 집 마당에 라디오를 펼쳤다. 지금껏 100여 개의 라디오를

어느 날 한꺼번에 찾아온 100대의 라디오.
ⓒ 김형호

한꺼번에 펼쳐 본 적이 없었던지라 나도 모르게 입에서 "이야~" 하며 감탄사가 흘러나왔다.

감격도 잠시, 급한 대로 종이 상자에 든 라디오를 모두 지하실로 옮겼다. 가을이라 지하실 습기 걱정은 덜했다. 3개월 동안 매일 밤마다 지하실로 내려가 라디오를 점검했다. 저녁을 먹고 지하실로 내려가 라디오를 점검하다가 자정을 넘겨서 올라오는 생활을 반복했다. 작동 여부를 확인하고, 고장 난 것은 직접 고쳤다. 가치가 있지만 고칠 수 없는 것은 전파상에 수리를 맡겼다.

예상대로 구입과 운송비가 아깝지 않을 정도로 가치 있는 물건이 여럿 있었다. 100여 대의 라디오는 대부분 유럽에서 사용했던 것들이었다. 1960년에서 1970년대에 생산된 트랜지스터라디오였다. 먼지를 닦아내고, 끊어진 전선의 연결 부위를 잇고, 고장 난 퓨즈를 교체하니 다시 살아났다. 이 라디오들은 내가 태어나기도 전에, 살벌한 냉전 시대 유럽의 어느 가정에 자리 잡고 있었을 물건이었다. 손때 묻은 라디오 버튼과 내부에는 50년 전 먼지가 솜털처럼 쌓여 있었다. 어린아이가 슬쩍 닦은 코딱지가 라디오 밑바닥 어디에 딱딱하게 굳어 있을지도 모를 일이었다.

라디오는 배경처럼 앉아 묵묵히 시대를 목격했을 것이다. 끊임없이 방송으로 하루하루를 얘기했던 역사의 증언자였다. 만약 그 라디오가 내보냈던 수많은 방송이 블랙박스처럼 저장돼 있다면 그건 생생한 오디오북일 것이다.

라디오 수리로 겨울을 보내고 이듬해가 되니 또 다시 여름을 날 일이 걱정이었다. 지금껏 수집한 것까지 수백 대의 라디오를 습기에 취약한 지하실에 보관할 수 없는 노릇이었다. 불편함과 미안함으로 라디오 보관 방법을 고민하는 날들이 쌓여 갔다. 그즈음에 어머니가 갑자기 돌아가셨다. 제 부모의 생명 하나 지키지 못하며 라디오를 생명체처럼 떠받들던 내가 부끄러웠다. 라디오가 뭐라고 어머니도 제대로 돌봐드리지 못했을까. 한동안 방황하다가 세상에 떠도는 라디오를 안전하게 보관하는 일을 해야겠다는 결심을 했다. 한평생을 쉬지 않고 일만 하셨던 어머니처럼 쉴 새 없이 방송을 내보내며 살아온 라디오에게 안식처를 주고 싶었다. 수집한 라디오를 축축한 지하실에 묻어 두는 것은 도리가 아니었다.

수고하고 무거운 짐을 진 라디오들의 안식처

아내와 상의해 라디오를 보관할 창고를 짓기로 했다. 강릉 외곽에 30평 규모의 건물을 지었다. 땅을 구했다고 해도 건축비는 1억 원이 넘었다. 신혼 때부터 살았던 삼척의 작은

어머니의 이름을 가져와 라디오 창고 이름을 '모던춘지'로 했다.
ⓒ 김형호

아파트를 팔았고, 10년 넘게 납입했던 적립식 보험도 해지했다. 2019년 가을, 라디오 창고를 완공했다. 창고라고 하지만, 개인 박물관 수준으로 꾸미다 보니 건축비는 예상보다 더 들어갔다.

라디오 창고 이름은 '모던춘지'로 정했다. 춘지春枝는 돌아가신 어머니 이름이다. 당신의 유지를 담고 싶었다. 어머니는 항상 손해를 보며 살라고 하셨고, 자식들이 세상을 위해 일하기를 바라셨다. 현재 이곳은 휴일이면 아내와 내가 책을 보고, 음악을 듣는 휴식 공간이 됐다. 대부분 시간에는 아무도 출입하지 않는 라디오의 안식처다. 우리 집 지하실과 거실에 처박혀 있던 라디오들을 안전한 곳에 뒀다는 데 만족한다. 나보다 먼저 태어난 물건이자 선배, 스승, 멘토인 라디오에게 이런 전용 공간쯤은 있어야 하지 않을까.

라디오를 모으면서도 항상 물건에 집착하지 말자는 다짐을 한다. 공허함을 채우려는 욕심을 갖지 말자는 것이다. 수천 년 전에 원하는 것은 무엇이든 주겠다는 왕의 제안에 "다 필요 없으니 햇빛이나 막지 말아 주세요. 난 일광욕이나 하며 지금 이 순간을 평화롭게 보내는 것이 좋습니다."라고 했던 철학자를 다시 불러온다. 물건을 닥치는 대로 모으는 증상을 저장강박증 혹은 '디오게네스 증후군'이라고 한다. 과거 경제적으로 힘들었던 어르신들은 결핍의 기억 때문에 무

조건 아끼고 모으려고만 한다. 인간적인 유대 관계마저 활발하지 못해 저장해 놓은 물건에서 위로와 안도를 느낀다.

　나도 한때 라디오를 무턱대고 사서 집안 곳곳에 쌓아 두던 시기가 있었다. 심리적으로 어떤 결핍이나 맹목적인 욕심이 있었던 것 같다. 이제는 라디오를 별도의 공간에서 보

관하며 객관적 타자他者로서 즐긴다. 라디오에서 의미를 찾고 다른 사람들에게 알려 주는 데 보람을 느낀다. 라디오 창고가 상상력의 화수분이자 수고하고 무거운 짐을 진 라디오들의 집이 되기를 희망한다.

—

수리의 희열

오래된 물건을 부르는 말로 '중고', '골동품', '올드', '빈티지 vintage', '앤티크 antique' 정도가 있다. 내가 가진 라디오 대부분이 중고품이다. 가끔 한 번도 사용하지 않은 새 물건을 운 좋게 구할 때도 있지만, 새것이라도 생산 연도가 많이 지났으면 오래된 라디오다. 수집 라디오를 '중고'라고 부르면 가치가 떨어져 보이기에 나는 '올드'나 '앤티크'란 호칭을 선호한다.

오래된 라디오를 분류하는 기준으로 '작동 여부에 따른 고장 Not Working'이 있다. 나에게 고장은 전원이 켜지지 않는 것을 의미한다. 올드 라디오는 처음부터 정상적인 작동을 기대하기 어렵다. '정상'의 기준도 모호하다. 전원이 들어오면 그나마 다행이다. 관건은 소리와 방송 수신 여부다. 라디오와 직접적인 관계가 없는 전구 조명과 메타 바늘, 여러 외부 입력 연결 소스 등이 제대로 기능을 못할 때도 있다. 이런 경우는 라디오 작동에 중요한 변수는 아니기에 가볍게 넘긴다.

나는 라디오 100여 개를 한 번에 사서 지하실에서 100일 동안 고치며 라디오 수리에 입문했다. 수집가가 무슨 수리까지 하냐고 의아해 할 수 있는데, 무려(!) 무선설비기능사 자격증까지 취득했다. 자격증은 회사의 필요 때문에 땄는데, 라디오를 수집하는 나로서는 내심 이런 기회를 놓치고 싶지 않았다.

우리나라에서는 방송국 규모에 따라 방송국 허가를 받으려면 무선설비기능사 자격증이 있는 인원이 필요하다. 갈수록 기계가 자동화되고, 기술 인력 충원도 어렵다 보니 회사는 기존 직원을 교육시켜 자격증을 취득하게 했다. 지난 2018년 회사 동료 10여 명과 함께 강릉의 한국폴리텍대학교에서 3개월 동안 주경야독하며 기능사 자격증을 땄다. 이 과정에서 납땜하는 기술을 습득했고, 회로도를 대략 볼 줄 알게 됐다. 저항이나 부품을 구별할 수 있을 정도의 기초 지식을 얻었다.

벼락치기 공부로 얻은 자격증이 실전에서 효과를 발휘하

기는 어려운 법. 문과 출신인 나는 중학교 시절 '기술' 수업 시간에 납땜질을 해 보고는 30여 년 만에 처음 하는 인두질이 낯설었다. 대부분 전문 분야가 그렇듯, 현장에서 도제식 수련 과정이 필요하다. 안 켜지는 라디오를 매번 전파상에 맡길 수 없어서 3개월의 짧은 공부를 한 후에 라디오 수리에 도전했다.

라디오 수리의 기초

라디오를 점검하기 위해 가장 먼저 하는 일은 전원 켜기다. 판매자가 사전에 작동과 이상 여부를 간단히 알려 주지만, 구매자의 기대를 물건이 따라 주는 경우는 많지 않다. 일단 전원이 켜지면 볼륨을 조절해 본다. 오래된 라디오는 볼륨 주위에 먼지나 기름때가 끼어 잡음이 난다. 먼지를 닦아내고, 접합 부위를 청소하면 웬만한 볼륨 문제는 해결된다.

　전원이 들어와도 소리가 나지 않을 때는 스피커 연결선을 확인한다. 그래도 소리가 시원치 않으면 회로 단락을 의심한다. 40~50년 된 트랜지스터라디오는 전선이 딱딱하게 굳어지면서 외부 충격에 납땜 연결 부위가 떨어질 수 있다. 이상 부위를 찾기 위해 간단한 저항 테스터를 쓸 수 있다. 전문가라면 소리의 진동을 전압으로 변환해 표시하는 전자 계

측 장비 오실로스코프Oscilloscope를 사용한다. 나는 아직 이 정도 수준은 아니라 이런 고장은 전파상에 맡긴다. 십중팔구 회로 기판의 저항이나 콘덴서 문제일 가능성이 높다. 심한 경우에는 함량 미달인 부품을 교체해야 한다. 마니아들은 '오버홀'이라고 부른다.

진공관 라디오의 경우, 진공관이 노후화돼 제 기능을 발휘하지 못하기도 한다. 이런 경우에는 진공관 각각의 성능을 점검해 교체한다. 과거에는 진공관 부품 전문 테스터까지 있었다. 진공관 라디오는 진공관에 문제가 생기면 같은 부품으로 교체하기 어렵다. 더 이상 진공관을 생산하지 않기 때문에 다른 제품에서 부품을 가져 와야 한다. 단종된 자동차를 수리할 때 폐차장에서 부품을 조달하는 것과 같은 이치다. 어찌됐든 라디오 수리는 고장 여부를 진단하는 게 전부라고 해도 과언이 아니다. 고수는 소리만 듣고도 고장난 부위를 알겠지만, 초보 수리공은 독학을 하거나 고수에게 기술을 전수받아야 한다.

전원이 켜지지 않을 때 초보자가 할 수 있는 가장 쉬운 방법은 퓨즈를 확인하는 것이다. 일반적으로 라디오는 사용자가 험하게 다루지 않아 크게 파손되는 경우가 드물다. 갑작스런 전압 상승과 노후화로 퓨즈가 타거나 끊어질 수 있다. 퓨즈 문제가 아닌데도 전원이 켜지지 않으면 전기 회로 연결에 문제가 있다는 뜻이다. 회로도를 읽지 못하면 더이상 수리 작업의 진척을 보기 어렵다. 라디오에 결합된 카세트와 CD, LP 플레이어가 고장 난 경우도 있다. 보통 카세트플레이어가 작동하지 않을 때는 내부 톱니를 연결하는 고무링이 삭아서인데, 사이즈에 맞는 고무링으로 바꾸면 된다. 이때 중요한 것은 분해다. 여러 음향 기기가 라디오의 다른 부분과 겹쳐 있어서 나중에 어떻게 결합할지 염두에 둬야 한다. 분리할 때 나사의 위치와 제품의 원형을 잘 기억해야 한다.

라디오를 수리하다 얻은 깨달음

이렇게 뜯어 본 라디오가 지금껏 100~200개쯤 된다. 간단한 고장이라 고친 경우도 있고, 아예 버릴 정도로 망친 것도 있다. 초보 수리공은 작업 시간이 오래 걸린다. 이제는 구입 단계부터 전원이 켜지지 않는 물건은 거의 사지 않는다. 정말 귀하거나 오래된 물건, 예를 들어 1930~1940년대 진공관 라디오는 작동이 되지 않더라도 부품만 제대로 있으면 구입한다. 작동 여부와 상관없이 외형만 온전해도 수집가에게 가치가 있다. 정말 필요한 경우라면, 전문가에게 얼마든지 수리를 맡길 수 있다.

고장 난 라디오를 수리하다 보면
라디오에도 생명이 있다고 착각하게 된다.
© Getty Images

라디오 수리에서 외형의 복원과 수리는 다른 영역이다. 금이 가거나 색깔이 벗겨진 물건은 문화재를 수리하거나 복원하는 것처럼 작업해야 한다. 접착제로 붙이는 것은 기본이고 금속의 녹을 제거하는 경우도 많다. 부분적으로 색이 바랜 플라스틱 제품의 외형을 일관된 색으로 칠하는 건 전문 도장 기술 영역이다. 전자 제품 수리와는 차원이 다르다. 라디오를 인문학적 콘텐츠로 생각했던 나는 처음부터 수리 단계까지 갈 생각이 없었지만, 제대로 작동하지 못하는 오래된 라디오를 접하면서 생각이 바뀌었다.

1950~1960년대 태어난 라디오는 사람으로 치면 중년을 넘어 이제 노년기에 접어든 나이다. 볼륨을 돌릴 때마다 잡음이 나면 귀먹은 어르신을 보는 것 같다. 주파수가 잘 잡히지 않거나 주파수 창에서 신호가 밀리는 라디오를 볼 때면 기억력이 좋지 않은 할머니와 할아버지가 생각난다. 전원마저 켜지지 않는 라디오가 수리를 거쳐 작동하면 심폐소생술로 되살아난 것 같다. 이런 희열 때문에 가끔 밤늦게까지 고장 난 라디오와 씨름한다. 수술실의 의사처럼 집도하는 자세로 작업을 마치고, 라디오가 정상으로 돌아오면 기계도 생명이 있다는 착각마저 든다.

라디오 수집과 간단한 수리 실력에도 불구하고 정작 어린 시절 사용하던 라디오 중에 지금 남아 있는 것은 없다. 당시에 쓰던 라디오는 좋은 제품이 아니었다. 붐 박스급의 대형 라디오나 오디오를 시골집에서 잘 보존하기는 쉽지 않다. 몇 번 고장이 나기도 했을 텐데, 가까운 곳에 전파상이 없던 시골 마을에서 전자 제품 고장은 사망 선고나 다름없었다. 과거에 전자 제품을 고치지 못했던 미련이나 미안함 때문인지, 요즘 들어 집안의 고장 난 전자 제품을 뜯어서 고치는 일이 잦다. 시행착오를 거치면서 느끼는 건 전자 제품이 의외로 간단한 구조로 되어 있고 어렵지 않은 원리로 작동한다는 점이다. 모터 회전을 중심으로 운동이 이뤄지면 힘의 방향이 전진 또는 후진을 한다. 전기적 성질이 더해지면 열이 나고 불이 켜진다.

우리 인생도 비슷하다. 기자 생활을 하며 여러 사회 문제와 사람들을 접한다. 여러 이유로 갈등과 문제가 발생하지만 해법은 의외로 간단하다. 사소한 오해와 작은 이익을 앞세우면 감정싸움으로 번진다. 누군가 적극적으로 나서지 않아 시간이 흐르면서 상황은 악화된다. 마지못해 타협하면, 갈등은 어설프게 정리된다. 문제가 언제 또 터질지 모른다.

초보 라디오 수리공이 인간사를 재단하는 건 주제넘은 욕심이다. 그래서일까. 세상 문제로 고민하다 오래된 라디오를 수리하면, 그때의 희열은 어디에도 비교할 수 없다. 상처

받은 사람이 존재하는 세상 문제를 보도하는 것과 라디오 수리를 감히 비교할 수 있겠는가마는 오늘도 나는 얼마 전에 구입한 오래된 라디오를 살려 본다. 온오프On/Off가 되는지를 확인하고, 다음 순서에 따라 어떻게 고칠지를 결정한다.

—

오디오하기와 라디오하기

"오디오하세요?"

음악 좀 든다고 하는 사람끼리 암호처럼 건네는 말이 "오디오를 하냐"는 것이다. 일반 명사에 동사 '하다'를 붙인 이 표현은 오디오를 모르는 이들에게는 외계어처럼 들린다. 라디오를 좋아하는 나도 한때 오디오를 했다. 회사 동료의 중고 오디오 기계를 저렴하게 사서는 동호인들의 도움으로 '피시파이PC-Fi'까지 했었다. 피시파이는 무손실 음원인 플락flac 등의 파일을 플레이하기 위해 컴퓨터와 연결하는 오디오 시스템이다.

마니아 세계에서 사용하는 말로 오디오는 수업료가 많이 들어가는 영역이다. 오디오 조합에 따라 음악 소리를 구분할 정도로 '귀까지 트이는 날'이면 비용은 더 들어간다. 오랜 기간 오디오를 즐기는 마니아는 아파트 한 채 값 정도의 돈을 쓰기도 한다. 이런 이유 때문에 오디오를 즐기는 사람은 가족들에게 오디오 구입 가격을 정확히 말하지 않는다. 오디오를 모르는 사람이 거래 가격을 알면 미치고 팔짝 뛰는 일이 벌어질 수 있기 때문이다. 그러다 보니 수집가가 죽고 나면 가격과 가치를 모르는 가족들이 헐값에 내놓는 안타까운 일이 생긴다.

오디오 애호가들은 오디오에 입문하지 않은 사람들에게 오디오를 안 하는 게 좋다고 연막을 치기도 한다. 이 말의 속뜻은 '그래, 오디오 잘 모르지? 좋은 기계로 음악 듣는 게 얼마나 좋은데…. 안타깝네. 그래도 나처럼 돈을 계속 쏟아 붓지 않아도 되니 걱정은 없어 좋겠어.' 정도 될 것이다. 오디오 입문까지 했던 나는 라디오와 오디오의 경계에서 라디오를 선택했다. 그 이유가 바로 이 수업료였다.

오디오는 소리를 증폭하는 앰프와 스피커의 조합에 따라 소리가 달라진다. 음원도 특별한 것을 고른다. 요즘 유행하는 LP가 대표적이다. 이런 독특한 그들만의 리그에서 오디오하는 사람들끼리는 서로를 '오디오쟁이'라고 부른다. 장인匠人의 '장이'까지는 못되더라도 마니아로서 다른 분야와 차별을 두겠다는 의미다. 그만큼 '오디오쟁이'들은 좋은 말로는 섬세하고, 문외한이 보면 까다롭다. 내가 라디오로 기운 이유도 오디오 분야의 빈틈없는 아우라에 숨이 막힐 것만 같았기 때문이다.

기능적으로 보면, 라디오는 오디오의 하위 개념이다. 1900년대 초반 외부용 라우드 스피커Loud speaker가 발명되면서 음악 감상용 오디오라는 개념이 출발했다. 그전에도 전원을 연결하지 않고 음악을 듣는 축음기Gramophone가 있었다. 축음기는 원통이나 원반형 판에 홈을 파서 녹음한 소리를 바늘을 사용해서 재생하는 장치다. 몸통에 붙은 손잡이를 손으로 돌려 음반을 회전시키면 나팔관 모양의 스피커에서 음악 소리가 크게 들린다. 축음기를 기본 원리로 이용해서 소리를 전기적으로 증폭하는 장치가 앰프다. 자성을 띤 외부용 라우드 스피커가 전선으로 앰프 장치와 연결되면서 오디오에는 신세계가 열렸다.

라디오는 앰프와 스피커, 외부 음원으로 구분되는 오디오 구성 요소를 모두 결합한 것이다. 라디오 제조사는 앰프와 스피커를 모두 외부 업체로부터 공급받아 조립하는 경우도 있었다. 앰프와 스피커, 둘 중 하나에 특화된 생산 업체들이 라디오 업계에서 강점을 보였다. 조립만 해서는 경쟁력을 발휘하기는 어려운 법이다. 라디오는 상위 개념인 오디오와의 경계를 모호하게 할 정도로 뛰어난 제품도 있다. 쉽게 말해 진공관 라디오는 앰프의 역할을 할 정도로 증폭력이 뛰어나고, 3개 또는 6개까지 스피커를 구성하면 입체적인 음악 청취가 가능하다.

나는 외형이나 기능 면에서 오디오와 라디오를 구분하는 특징으로 '튜너Tuner'를 꼽는다. 라디오가 무선 전파를 수신하기 위해 만들어진 물건이니 튜너는 라디오에만 있는 장치다. 오디오 업계에서는 라디오를 외부 입력Aux 음원의 하나 정도로 본다. LP나 카세트테이프, 또는 디지털 파일 등의 음원처럼 라디오를 취급한다. 라디오 업계 입장에서는 튜너를 이용해 소리를 수신해서 재생하는 하이테크 기술이 저평가되고 있는 것만 같아 여간 불편하지 않다.

원음 그대로 음악을 즐기는 것이 오디오 업계가 추구하는 목표라면, 튜너는 라디오 방송국이 송출한 음악을 원음처럼 듣기 위해 처절하게 몸부림친 결과다. 튜너는 오디오 분야의 앰프 장치처럼 소리를 수학적으로 미분과 적분해 3D 프린터처럼 재현한다. 섬세하게 음역대별로 분리와 조합을 어떻게 하느냐에 따라 원음보다 더 사실적으로 들린다. 오늘날에도 라디오 구성 부품 중에 튜너 장치만 따로 생산하는 회사가 있다. 마니아들은 오래된 진공관 라디오를 튜너처럼 쓰다가도, 요즘 생산되는 수백만 원짜리 신제품을 구입하기도 한다.

오디오와 라디오를 구분하는 기준, 튜너.

튜너는 라디오와 오디오의 경계에 있다. 수신한 전파의 소리에 옷을 입혀 화려하게, 때로는 담백하게 재생한다. '라디오하기'의 묘미는 튜너와 라디오 스피커의 조합에서 우연히 발견한 음악적 감동이다. 미지의 세계를 탐험하는 것처럼 여러 라디오로 다양한 장르 음악을 듣다 보면 나름의 경험치가 쌓인다. '오디오하기'에서 수업료를 지불하는 구조와 비슷하다. 라디오는 오디오보다는 비싸지 않아 여러 개를 한꺼번에 실험해 볼 수 있다. 제조 당시 주류 음악 장르에 맞춰 튜너와 스피커를 정형화했기 때문에 시대별 음악 변천사를 살펴 볼 수도 있다.

'라디오하기'와 음악 듣기

스피커는 국가나 시대별로 특징을 보여 '라디오하기'에서 중요한 가이드 역할을 한다. 라우드 스피커가 발명된 1920년대는 재즈의 시대였다. 1950년대까지는 재즈 음악에 적합한 필드 스피커가 라디오에 장착됐다. 직류 전원을 공급해서 전자석을 만드는 필드 스피커는 설계 그대로의 자력을 유지해 저음에 강점을 보였다. 라디오 박스의 재질은 목재였고, 소리 울림통은 TV 모니터 크기 정도로 컸다. 라디오의 황금기라고 불리는 1930년대에 생산된 라디오는 재즈 음악 맞춤이었다. 미국의 백인 트럼펫 연주자, 쳇 베이커 Chet Baker의 '본 투 비 블루 Born to be Blue'나 '마이 퍼니 발렌타인 My Funny Valentine' 같은 재즈 음악은 가구처럼 커다란 진공관 라디오의 필드 스피커로 들어야 느낌이 산다.

1950년대로 넘어오면서 음악은 로큰롤과 블루스, 컨트리 뮤직 등으로 다양해진다. 대표적으로 엘비스 프레슬리와 비틀스의 로큰롤 음악을 생각해 보라. 경쾌하고 빠른 박자, 소울이 느껴진다. 이런 음악들 역시 필드 스피커와 잘 맞는다.

1960년대가 되면 라디오의 핵심 부품은 진공관에서 트랜지스터로 완전한 세대교체가 이뤄진다. 트랜지스터는 진공관의 단단한 음색과 강한 출력을 따라갈 수 없지만, 음질과 작동 면에서 안정적인 모습을 보여 줬다.

20세기 중반부터 라디오 스피커에는 자성을 띠는 금속 재질의 알니코 ALNICO 스피커가 부착됐다. 1970년대 초반까지 사용된 알니코 스피커는 알루미늄 Al과 니켈 Ni, 코발트 Co, 철 Fe의 합금이란 뜻이다. 철을 뺀 각 금속의 앞 글자를 따서 만든 이름이다. 마니아들은 발음이 편하다는 이유로 알니코라고 부른다. 알니코 스피커는 음색이 자연스럽고 박진감이 넘친다. 기존의 필드 스피커보다 크기가 작다 보니 라디오의 휴대성을 살리기에 좋았다. 라디오 하나에 여러 개의 알니코 스피커를 배치해 입체적인 사운드를 만들

| 알니코 스피커. ⓒGetty Images

수 있었다.

존 덴버나 존 바에즈, 엘튼 존 등 서정적 가사와 음색을 느끼기에 1960~1970년대 알니코 스피커가 장착된 트랜지스터라디오는 나쁘지 않다.

1960년대 진공관 기반의 대형 라디오는 오디오라고 부를 수 있을 정도로 고급화됐다. 이제부터는 스피커의 재질 문제를 따질 단계가 아니었다. 고급 진공관 라디오는 재즈와 오케스트라, 보컬 등 음악 장르에 따라 사운드를 선택하는 모델도 있었다. 같은 비틀스 음악이라도 트랜지스터라디오나 진공관 라디오냐에 따라 느낌은 하늘과 땅 차이다.

1980년대에 들어오면서 음악은 디스코와 록, 랩, 심지어 테크노까지 높은 음을 내지르는 경향을 보인다. 이때 등장한 붐 박스는 이런 음악 장르를 포용한다. 라디오와 카세트 등이 결합한 복합 기기인 붐 박스는 카세트와 외부 입력으로 다양한 음원을 연결할 수 있다. 1960년대 진공관 라디오가 오디오의 역할을 하며 집안 거실에 고상하게 앉아 있었다면, 붐 박스는 움직이는 오디오가 되어 거리를 활보했다. D형 건전지를 10개가량 넣으면 무게는 10킬로그램이 넘는다. 거리에서 붐 박스로 퀸의 음악을 들으면 그곳이 바로 무대가 된다. 마돈나의 디스코 음악을 들으면 자기도 모르게 춤을 추게 된다. 밥 말리 음악을 들으면 친구와 어깨동무를 하고, 노을이 보고 싶어진다. 심장 박동처럼 진동하는 붐 박스의 우퍼 스피커는 1980년대 야외 음악 시대를 함께했다.

음악 장르에 맞게 스피커를 선택해야 하는 음악 선곡의 원칙을 빗나간 파격도 있다. 1979년 일본 소니가 처음 개발해 1990년대 초반까지 이어진 '워크맨'이 그것이다. 워크맨은 음악 장르가 아닌 세대 차이와 사회 변화가 만들어낸 돌연변이에 가깝다. 가장 완벽한 음악 청취는 일정한 공간 안에서 울림까지 고려해 크게 듣는 것이다. 워크맨은 이어폰 또는 헤드폰으로 음악을 듣는다. 기성세대와 다른 장르의 음악을 좋아하는 젊은이들은 혼자만 조용히 들을 수 있는 워크맨을 찾았다. 20세기 중후반 라디오의 음악 프로그램은 차별화됐지만, 젊은이들이 좋아하는 음악이 많지 않았다. 카세트테이프라는 손쉬운 대체 음원이 나타나는 상황에서 라디오 방송으로는 만족할 수 없었던 젊은이들에게 워크맨은 새로운 돌파구였다.

워크맨은 오늘날 무선 이어폰의 음악 감상 취향과 통한다. 이어폰은 음악을 사적 영역으로 특화했다. 개인 공간에서 크게 듣는 음악 청취의 세계인 오디오가 이어폰이라는 작은 세계에 갇혔다. 이어폰은 타인을 의식하지 않는 자유를 선사했다. 말하자면 무선 이어폰으로까지 발전한 개인 오디오의 출발점은 워크맨이었다.

오늘날 스마트폰 음악은 무선 이어폰으로 듣는 또 다른 워크맨이다. 21세기 워크맨은 음악의 유행 장르마저 좌우할 정도로 강력하다. 외부 스피커로 듣는 음악은 크고 강력한 사운드로 이뤄지지만, 1인용 이어폰 음악 시대에는 뮤지션들이 소비자를 고려해 음악을 만든다. 반드시 록이나 헤비메탈의 샤우팅일 필요는 없다. 저음이나 음색을 강조하는 가창력 위주의 조용한 음악이 사랑받는다.

'라디오하는' 입장에서는 이어폰의 청취 영역이 달갑지 않다. 청음이란 공간에서 소리의 울림뿐만 아니라 음향 기기

음악 청취 방법을 파격적으로 바꾼 소니 FM 워크맨.
ⓒ 김형호

자체에서 내뿜는 아우라를 함께 느낄 수 있어야 한다. 이어 폰 하나로는 라디오와 오디오의 울림통을 볼 수 없다. 라디 오 수신기는 가수이고, 스피커는 뮤지션의 목소리가 되어 집 안을, 사무실을, 거리를, 즉석 무대로 만든다. 무선 이어폰은 얼굴 없는 가수의 목소리에 가깝다. MZ 세대들은 전통적인 라디오가 낯설지도 모른다. 스마트폰이나 자동차에서 나오 는 라디오 방송은 이제 라디오라는 겉옷조차 벗어버렸다.

다만, 무선 이어폰은 '라디오하기'의 새로운 가능성을 제 시할 수 있다. 스마트폰이 무선 이어폰과 연결되듯이, 진공관 라디오와 무선 이어폰 역시 블루투스로 연결될 수 있다. 놀랍 게도 진공관 라디오의 스피커 소리가 무선 이어폰으로도 조 용히 전달된다. 귀로는 오롯이 소리에 집중하면서, 눈으로는 라디오의 은은한 불빛을 보고, 따뜻한 온기를 느낄 수 있다.

나의 '라디오하기'는 음악 감상의 행운적 조합을 찾는 모 험이다. 앱App으로 바뀐 라디오와 무선 이어폰 시대에서 라 디오 수신기는 현실과 가상의 경계에서 아날로그의 길을 제 시한다. 역설적이게도 좋은 소리의 음악을 찾는다는 점에서 나는 오디오하기의 그늘을 벗어나지 못하고 있다. 라디오를 하면서 오디오하기를 꿈꾸는 것이다.

라우드 스피커의 탄생

라디오는 외부용 라우드 스피커를 장착하면서 독립적인 음향 기기의 형태를 갖추게 된다. 라우드 스피커를 장착하기 전에는 안테나 기능까지 하는 이어폰과 헤드폰으로 혼자만 소리를 들을 수 있었다. 라디오에 장착된 앰프와 튜너로 소리를 증폭하고 이를 스피커로 확대시키면서 라디오는 오디오의 운명을 타고났다. 음향 기계로서 오디오와 비슷한 위치에 있던 라디오는 전파로 수신한 음성 신호를 들려 주는 방법을 고민할 수밖에 없었다.

라디오에 외부용 스피커가 장착된 것은 1920년대였다. 무성 영화도 스피커 기술이 발달하면서 유성 영화 시대로 넘어가던 시절이었다. 그 이전에는 진화 송수신기 원리로 소리를 들었다. 자기 회로 내에 원형 코일을 넣어 상하로 움직이는 코일 무빙 방식이다. 전화기 송수신기처럼 이어폰이 라디오 방송을 듣는 역할을 했다. 1915년 '빅 보이스Big voice'를 뜻하는 마그나 복스Magna-Vox의 설립은 소리 시대의 서막이었다.

외부용 스피커 시스템은 정치 연설에서 진가를 발휘했다. 1919년 9월 19일, 미국의 우드로 윌슨 대통령은 샌디에이고를 방문해 스

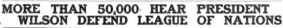

1919년 9월 20일 〈샌디에고 유니온〉이 역사상 최초로 스피커를 사용하여 대중 연설을 한 우드로 윌슨 대통령에 대한 기사를 게재했다.

ⓒThe San Diego Union Tribune

피커를 이용한 역사상 최초의 연설을 했다. 당시 인구 7만여 명의 도시에 5만여 명이 대통령 연설을 듣기 위해 모였다. (윌슨 대통령은 일본의 식민지였던 대한민국이 3.1 운동을 전개하는 원동력이 된 민족자결주의를 주창했던 인물이기도 하다.) 샌디에이고 연설에서 윌슨은 지금의 국제연합United Nations의 전신인 국제연맹 League of Nations에 미국이 가입하겠다고 밝혔다. 제1차 세계대전 이후 세계의 평화 체제를 이끄는 국제적 움직임에 미국이 힘을 보태겠다는 발언은 중요한 메시지였다. 하지만 정작 미국은 의회의 동의를 얻지 못해 국제연맹에 가입할 수 없었다. 결과적으로 국제연맹은 실패했고, 세계는 제2차 세계대전의 포화 속에 내던져졌다.

주파수 창 도시 여행

그룬딕 새틀라이트 2000

"40분이면 지구 한 바퀴를 돕니다. I'll put a girdle round about the Earth in the forty minutes."

셰익스피어의 희곡《한여름 밤의 꿈》에는 요정의 왕 오베론이 '사랑 꽃'을 따오라고 하자 요정 퍽Puck이 이렇게 말하는 장면이 나온다. 요정의 왕은 고래가 3마일을 헤엄치기 전에 다시 돌아오라는 시간제한을 두었는데, 퍽은 40분이면 지구를 돌 수 있는 시간이라며 호언한다. 고래가 3마일약 4.8킬로미터을 헤엄치는 데 40분이면 충분하다. 퍽은 40분 안에 지구를 돌 수 있을 정도로 빠르게 임무를 완수하겠다고 대답한 것이다.

100여 년 전 무선 통신을 연구했던 사람들에게《한 여름

마르코니가 요정 퍽의 문장을 적은 엽서.
ⓒ Springer Nature

밤의 꿈》의 이 문장은 라디오 기술 개발의 이정표와 같았다. 지구를 도는 '시간'보다 '돈다'는 행위에 더 큰 의미를 뒀다. 굴리엘모 마르코니는 지구에서 멀어져 가는 요트가 그려진 엽서에 요정 퍽의 문장을 적기도 했다. 요트 엘렉트라Electra 를 집과 실험실처럼 사용하며 인생의 마지막까지 바다를 항해했던 마르코니는 전파가 지구 곳곳으로 날아가는 상상을 했었나 보다.

외국에서 생산된 오래된 라디오에는 주파수 창에 도시 이름이 표시된 것이 많다. 여기서 도시 이름은 방송을 보내는 라디오 방송국의 주파수를 뜻한다. 특정 숫자를 맞추는 것이 아니라 도시 이름에 바늘이 멈추면 해당 주파수의 방송이 잡힌다. 파리와 로마, 런던, 프라하, 모스크바까지 유럽 주요 도시의 이름이 적힌 라디오는 배낭여행의 추억을 불러온다. 대학 시절 혼자 유럽 곳곳을 누볐던 기억이 떠오른다. 부다페스트와 빈, 바르샤바 등 동유럽 도시들도 라디오 주파수 창을 장식한다. 2000년대 초반은 유로 화폐가 사용된 지 얼마 안 됐을 때였다. 유로화가 익숙하지 않던 과거 공산권 국가에서 동양의 여행자가 꺼내는 100유로, 500유로 지폐는 낯선 돈이었을 것이다. 냉전 시대 공산권 국가에 자유주의 진영 사람이 활보하는 걸 상상하기 힘든 것처럼 말이다.

외국 도시 이름이 새겨진 라디오가 한국에서 작동될 때도 낯설기는 마찬가지다. 외국산 라디오가 우리나라에서는 작동되지 않을 것이라고 생각하는 사람도 있다. 나라마다 고유한 주파수가 있어서 다른 나라에서는 라디오 방송이 잡히지 않을 거라고 지레짐작하는 것이다. 모든 국가는 88~108MHz 주파수 범위 안에서 FM 라디오 방송을 송수신한다. 주파수 창에 유럽 도시 이름이 적힌 유럽산 라디오를 우리나라로 가져 오면 파리나 바르샤바가 적힌 주파수 위치에서 〈KBS〉, 〈MBC〉, 〈SBS〉의 라디오 방송이 잡힌다는 얘기다. 실제로 유럽 도시 이름이 적힌 주파수 위치에서 우리나라 방송이 나오면 그렇게 반가울 수 없다. 외계와 교신이라도 이뤄진 것처럼 짜릿하다. FM과 AM 주파수 대역은 전 세계 공통이다. 일본과 독일에서는 FM 주파수 대역에 차이가 있지만, 전 세계가 공통 대역을 쓰다 보니 어느 나라에서나 같은 라디오로 각국의 방송을 들을 수 있다.

그룬딕의 새틀라이트Satellit 시리즈 모델로 라디오를 들으면 진짜 세계 여행을 하는 기분이다. 이름부터 위성 방송이라는 의미를 담고 있지 않은가. '새틀라이트 2000' 모델은 아날로그 느낌으로 FM과 AM은 기본이고, 10개의 단파 주파수 대역을 선택할 수 있다. 주파수 대역을 선택하는 옆면의 손잡이를 돌릴 때마다《천일 야화》에서 40인의 도둑이 바위 문을 여는 듯한 묵직한 진동이 전해진다. 쿵 하고 주파수 대역이 바뀌고 튜너를 돌릴 때면 라디오에서 어떤 이야기가 나올까 궁금하다. 새틀라이트 3000은 주파수 대역을 디지털 숫자로 표시하는 LCD 창이 추가돼 있다. 주파수 숫자가 멈추는 순간은 어려운 수학 문제를 푼 것 같은 희열이 느껴진다. 그룬딕의 월드 라디오에는 새틀라이트 모델뿐만 아니라 프로페셔널Professional이란 햄HAM 제품도 있다. '아마추어 무선'은 개인이 무선 방송국처럼 지위를 부여받아 송수신하는 무전 형태다. 햄의 수신 기능을 특화한 라디오

그룬딕 새틀라이트 2000.
ⓒ 김형호

는 무전기 송수신을 도청하거나, 멀리 떨어진 국가의 라디오 방송을 청취할 수 있다.

유럽의 라디오 방송 도시

해외여행을 가기 어려운 감염병 시대에 라디오 주파수 창으로 떠나는 도시 여행을 상상해 봤다. '라디오 도시들'은 오늘날 세계 여행의 관점에서는 흥미롭지 않을 수 있지만, 어떤 나라를 보는 새로운 관점이 될 수도 있다. 프랑스 하면 가장 먼저 떠오르는 도시는 파리겠지만, 라디오 여행에서는 아니다. 유럽에서 생산된 라디오의 주파수 창에는 생소한 이름의 프랑스 도시, 알루이Allouis가 있다. 프랑스 중부 상트르 발 드 루아르Centre Val de Loire 지역에 위치한 이 도시는 육각형 모양인 프랑스 영토의 중심에 있다. 중심에 있다는 얘기는 라디오 방송을 송출하기 가장 좋은 위치라는 뜻이다. 프랑스는 1939년 〈르 몽디알Le Mondial〉 단파 방송과 〈르 나쇼날Le National〉 장파 방송을 알루이에서 처음 송출했다. 〈프랑스 앵테France Inter〉 방송은 2016년까지 이곳에서 장파 방송을 송출했다. 〈르 몽디알〉과 〈르 나쇼날〉, 〈프랑스 앵테〉는 우리나라의 공영 라디오 방송국 정도 된다. 알루이는 AM 방송이 위력을 떨치던 냉전 시대, 유럽의 국제 라디오 방송

네트워크 가운데 하나였다.

유럽의 또 다른 라디오 방송 도시는 네덜란드 힐베르쉼Hilversum이다. 네덜란드 암스테르담에서 24킬로미터 떨어져 있는 이 도시는 1920년대 〈라디오 네덜란드Radio Netherlands〉 단파 방송을 처음으로 송출했다. 일찍이 라디오 제조 공장들이 자리를 잡았고, 네덜란드의 대표적인 전자 제품 기업 필립스와 방송 제작 회사들이 모여 있는 곳이다. 네덜란드의 TV와 라디오 방송국들이 모이면서 힐베르쉼은 유럽 대표 미디어 시티로 발전했다. 유럽 라디오 제조 국가들은 네덜란드의 대표 도시로 암스테르담이 아닌 힐베르쉼을 주파수 창에 적었다.

스웨덴에는 인구 2만 명도 안 되는 도시가 라디오 주파수 창에 새겨졌다. 회르비Hörby는 스톡홀름에서 멀리 떨어져 있고, 오히려 덴마크의 코펜하겐에 가까운 작은 도시다. 회르비는 1959년부터 2011년까지 스웨덴에서 단파 방송을 송출했던 곳이다. 20세기 중반에 생산된 트랜지스터라디오에는 이 도시 이름을 발견할 수 있다. 독일에서 생산된 라디오 제품에만 가끔 볼 수 있을 정도로 라디오 세계 여행에서는 오지奧地다.

룩셈부르크는 유럽연합의 상징적인 중심지다. 유럽연합 본부가 자리 잡은 이곳에서는 유럽연합 공동체 방송도 송출

한다. 라디오 주파수 창에 적힌 룩셈부르크는 도시 이름이 아닌 유럽연합의 라디오 방송을 의미한다. 1960~1970년대 에는 유럽연합 방송을 뜻하는 유로파Europa라는 별도의 주 파수 밴드가 새겨진 라디오가 상용됐다. 이 시기에 독일과 영국에서 생산된 라디오에서는 주파수 창에서 룩셈부르크 대신에 유로파를 볼 수 있었다.

어떤 나라의 라디오 방송 주파수가 닿는 범위는 그 국가 의 세계관을 보여 준다. 유럽 라디오는 동서 유럽을 아우르 며 멀리는 러시아까지 라디오 주파수 창에 도시 이름을 새 겼다. 프랑스 라디오의 경우, 북아프리카의 일부 도시를 주 파수 창에 넣었다. 대표적으로는 알제리, 튀니지, 모로코 등 북아프리카 3국이다.

이중에 알제리는 8년 동안의 치열한 독립 전쟁으로 1962 년 프랑스로부터 독립했다. 카뮈의 소설《이방인》과《페스 트》에 등장하는 배경이며, 프랑스의 전설적인 축구 선수 지 네딘 지단은 알제리 이민자의 아들이다. 알제리는 130년 동안 프랑스의 식민지 지배를 받았는데, 한일 관계만큼이 나 프랑스와 알제리 사이에도 묘한 감정이 남아 있다. 언젠 가 프랑스와 알제리의 국가 대항 축구 경기를 TV에서 본 적 이 있다. 한일전 축구 경기의 한국 선수처럼 알제리 선수들 은 필사적으로 뛰었다. 식민 지배 역사에서 지배를 받았던

알제리 수도 알제. 알제리는 프랑스로부터 독립했지만,
알제리 하늘에는 여전히 프랑스의 그림자가 어른거린다.

국가의 국민들에게 과거의 앙금은 쉽게 사라지지 않는 법이다. 프랑스는 지금도 '프랑코포니La Francophonie'라고 부르는 프랑스어권 국가들의 공동 기구를 운영하고 있다. 영국이 대영제국 시절의 식민지였던 국가들을 오늘날 '영연방Commonwealth of Nations'으로 묶는 것과 같은 맥락이다.

프랑스에서 1960년대 생산된 피종 브로Pizon Bros 라디오는 북아프리카 3국의 방송을 수신할 수 있게 표시돼 있다. 너무나도 자연스럽게 말이다. 그 당시 프랑스인들에게 북아프리카는 프랑스의 영토이며, 하나의 생활권이었다. 강자와 승자의 논리가 그대로 라디오에 남아 있는 것이다.

쥘 베른의 《80일간의 세계 일주》는 지구를 한 바퀴 도는 게 얼마나 대단한 일이었는지 보여 준다. 오늘날에는 마음만 먹으면 비행기와 크루즈 유람선으로 세계 일주를 할 수 있다. 그런데 국경 없는 자유로운 이동은 감염병을 확산시켰고, 지구촌이란 말이 무색하게 나라마다 국경을 봉쇄했다. 오래전 다녀온 여행 사진을 꺼내 보고, 해외여행 관련 영상들을 다시 보면서 '아, 옛날이여'를 외칠 뿐이다. 랜선 여행 상품이 나오고 외국 상공까지 갔다가 돌아오는 무착륙 비행 상품까지 등장했지만, 몸이 갈 수 없다면 마음도 가기 어렵다. 미국 IT 업계 대표가 화성 탐사와 인류의 화성 정착 계획까지 말하는 상황에서 우주여행은커녕 국제공항의 게

이트마저 닫힌 현실은 아이러니하다.

앞서 말했듯이 라디오 주파수 창에 적힌 도시 이름을 주파수 바늘로 지나가다 보면 배낭여행의 추억이 떠오른다. 오래된 독일산 라디오를 가지고 유럽 방송을 들을 수 있다면 진짜 라디오 세계 여행이다. 안타깝게도 이들 도시들 중에 오늘날 단파 방송을 송출하는 곳은 거의 없다. 인터넷과 스마트폰 시대에 라디오 주파수 대역으로 전 세계를 연결하는 건 구시대적인 발상일지 모른다. 지금은 인터넷으로 언제든지 세계의 라디오 방송을 들을 수 있다. 그럼에도 도시 이름이 보이지 않으면, 진정한 라디오 방송 여행이라고 할 수 없다. 주파수 창 속 도시는 라디오 여행의 안내자다.

반백 년 전 생산된 라디오는 인류가 주파수 창의 도시 이름으로 여행의 향수를 달랠 것이라고 상상이나 했을까. 모든 게 꿈이었으면 좋겠다. 한 여름 밤의 꿈처럼.

PART 2

/

라
디
오　신
세
계

—

자그마한 부품이 바꾼 라디오 역사

리전시 TR-1

1954년 크리스마스를 앞두고 라디오 하나가 미국 상점에 진열됐다. 셔츠 앞주머니에 들어갈 만큼 아담한 크기에 자체 스피커를 장착한 라디오였다. 방송 주파수를 조정하는 다이얼은 고급스런 금속이었고, 외형은 가볍고 단단한 플라스틱이었다. 색상도 검정색, 미색, 귤색, 빨강색, 회색까지 모델별로 다양했다. 판매 가격은 49.95달러. 오늘날로 환산하면 500달러 한화 약 60만 원였다. 포켓 라디오 하나가 60만 원이라니! 대체 어떤 라디오이길래….

그 라디오는 리전시Regency TR-1으로 이름 붙여진 세계 최초의 트랜지스터라디오였다. 라디오는 핵심 부품을 기준으로 진공관 라디오와 트랜지스터라디오로 나뉜다. 1954

세계 최초의 트랜지스터라디오 리전시 TR-1.
진공관에서 트랜지스터로의 정권 교체를 상징한다.
ⓒ 김형호

년 이전까지 모든 라디오는 진공관을 사용했다. 라디오가 1900년대 초반에 등장했으니까, 반세기 후에야 트랜지스 터라디오가 생산됐다는 얘기다. 리전시는 '섭정'이라는 의 미다. 풀어 쓰면, '군주를 대신해 나라를 다스리는 시대'다. 리전시 TR-1은 오랫동안 진공관이 군림해 온 라디오 업계 를 이제부터 TR트랜지스터이 다스리겠다는 정권 교체 공표 였다.

나는 2017년쯤 이 라디오를 손에 넣었다. 함께 라디오를 수집하고 있는 마크 형이 이베이를 통해 미국 뉴저지에서 구입했다. 구입 가격은 70만 원. 1954년 리전시 TR-1이 처 음 등장했을 때 가격보다 중고 시세가 높았다. 전 세계에 15 만 대가량 팔린 물건 중 하나를 소유한다는 특별함을 그 무 엇에 비교하겠냐마는 물건의 가치를 모르면 선뜻 지불하기 어려운 가격이었다.

리전시 TR-1을 처음 봤을 때는 놀라움을 금치 못했다. '60년 전에 만든 게 맞나? 모조품 아닌가?' 싶었다. 요즘 출 시되는 포켓 라디오보다 매무새가 훌륭했다. 판매 당시 포 장 박스가 그대로 있어서 진품임을 믿게 됐다. 그런데 작동 을 하지 않으면 무용지물 아닌가? 내부를 열어 보니 생전 처음 보는 건전지가 들어 있었다. 22.5V 건전지였다. 1.5V 나 9V는 봤어도 22.5V를 어디서 구한단 말인가? 국내에서는 생산하지도 않는 22.5V 건전지는 하나에 20달러가 넘는다.

리전시 TR-1을 작동해 보기까지 몇 년을 기다려야 했다. 한국폴리텍대학교의 어느 교수님이 가변 트랜스 한 대를 주신 덕분에 22.5V 전원을 연결할 수 있었다. 라디오를 잠시 보관했던 지하실에서 혼자 들었던 리전시 TR-1의 첫 라디오 방송을 지금도 잊을 수 없다. 문재인 대통령의 2018년 삼일절 연설이었다. 연설은 독도에 대한 내용이었다. 노무현 대통령의 독도 발언이 연상되는, 일본을 향한 강력한 메시지를 담고 있었다. 지하실에서 최초의 트랜지스터라디오로 대통령의 담화를 듣고 있자니 내가 레지스탕스라도 된 것 같았다. 당시 촬영한 화면을 페이스북에 올려놨는데 갈무리된 40초 길이의 담화문 내용은 다음과 같다.

> "그런 의미에서 우리는, (박수 소리) 그런 의미에서 우리는 잘못된 역사를 우리 힘으로 바로 세워야 합니다. 독도는 일본의 한반도 침략 과정에서 가장 먼저 점령당한 우리 땅입니다. 우리 고유의 영토입니다. 지금 일본이 그 사실을 부정하는 것은 제국의 침략에 대한 반성을 거부하는 것이나 다를 바 없습니다."

외면받았던 트랜지스터 포켓 라디오

최초의 트랜지스터는 1948년 미국의 벨 연구소가 발명했다. 이걸로 처음 라디오를 만든 곳은 반도체 회사였다. 텍사스 인스트루먼츠Texas Instruments는 1953년 트랜지스터 사용 허가권을 획득해 작은 휴대용 라디오 생산에 돌입했다. 진공관 라디오였던 에머슨Emerson-747의 빈 케이스에 트랜지스터 6개를 사용한 소리 증폭기가 들어갔다.

애초 텍사스 인스트루먼츠는 미국의 대형 라디오 제조사에게 트랜지스터 포켓 라디오 생산을 제안했지만, 모두 퇴짜를 맞았다. 알씨에이RCA, 제너럴 일렉트릭GE, 필코 PHILCO 등은 이미 트랜지스터라디오 생산을 준비하고 있었다. 하지만 트랜지스터 '포켓' 라디오는 수지타산이 맞지 않는다고 생각했다.

텍사스 인스트루먼츠는 가정용 안테나 증폭기 회사인 아이디이에이I.D.E.A.Industrial Development Engineering Associates를 라디오 생산 파트너로 선택했다. I.D.E.A.는 디자인은 외주 업체에 맡기고, 최초의 트랜지스터 포켓 라디오 생산을 맡았다. AM 방송 전용이었고, 외부용 얀센Jensen 스피커를 부착했다. 크리스마스 전에 생산해야 한다는 발주처의 주문에 맞춰 리전시 TR-1은 1954년 10월 18일 처음 탄생했다.

텍사스 인스트루먼츠는 트랜지스터 포켓 라디오로 돈을

벌었을까? 결론부터 말하면, 전혀 아니다. I.D.E.A. 대표였던 에드워드 튜더Edward Tudor는 3년 동안 2,000만 대 생산을 목표로 잡았지만, 출시 첫해 10만 대를 파는 데 그쳤다. 일단 가격이 비쌌다. 그럴 수밖에 없었다. 1953년 트랜지스터 1개 가격은 8달러. 같은 시기 진공관 1개의 가격은 1달러 이하였다.

트랜지스터 포켓 라디오는 수신력과 음질도 좋지 않았다. 당시 〈컨슈머 리포트Consumer Reports〉는 리전시 TR-1에 대해 "음질이 좋지 않고, 수신 다이얼을 돌릴 때 낮은 볼륨은 너무 작고, 높은 볼륨은 소리 왜곡이 컸다."라고 혹평했다. 트랜지스터라디오가 진공관 라디오에 비해 음질이 떨어지는 건 태생적 한계다. 더욱이 안테나를 길게 연결해 듣는 고정용 라디오에 비해 휴대용 라디오는 좋은 음질을 기대하기 어려웠다.

트랜지스터라디오가 진공관 라디오에 비해 경쟁력이 있었던 부분은 건전지를 오래 쓸 수 있다는 점이었다. 기계는 비쌌지만 유지비가 적게 들었다. 같은 크기의 포켓 라디오를 기준으로 한번 건전지를 넣으면 진공관 라디오는 3~4시간 사용할 수 있었지만, 트랜지스터라디오는 하루 종일 작동했다. 리전시 TR-1은 진공관 라디오와의 가격 경쟁을 위해 연구 초기 6개였던 트랜지스터를 4개로 줄여 출시했다.

그러고도 비싸다는 한계를 극복하기는 힘들었다. 결국 누적 판매량 15만 대를 기록하고는 출시 3년 만에 단종됐다.

냉전의 아이러니한 선물, 트랜지스터라디오

그렇다면 텍사스 인스트루먼츠는 비싼 트랜지스터로 왜 포켓 라디오를 만들었을까? 여기엔 제2차 세계대전 이후 자유 진영과 공산 진영의 대립, 즉 냉전이 있었다. 1950년대 초반 미국에서는 소련이 공습해 올지 모른다는 공포가 상존했고, 학교에서는 비상 대피 훈련을 했다. 라디오에서는 핵 공격을 가상한 훈련 방송까지 했다. 라디오 제조사는 휴대가 편리하고, 수신력과 내구성이 좋은 제품에 집중했다. 이런 기능을 충족한 부품이 트랜지스터였다.

라디오 작동 원리를 보면, 전파 신호를 수신해 확대 증폭한 뒤 스피커로 발산하는 게 핵심 기술이다. 음향 신호를 확대 증폭Amplify하고 내부 회로에서 신호를 바꾸는Switching 장치가 진공관 또는 트랜지스터다. 진공관은 유리관으로 돼 있어 휴대 시 파손 위험이 크고, 전력이 많이 필요하다는 단점이 있다.

흥미로운 건 반도체 회사가 라디오를 만들었다는 점이다. 텍사스 인스트루먼츠가 트랜지스터 포켓 라디오를 만든 건,

1955년 미국에서 광고된 '미니 대피소'. 핵폭탄 및 수소 폭탄의
위협에서 최대 5일 동안 생존할 수 있다고 홍보했다.
ⓒ Getty Images

트랜지스터 부품 판매가 목적이었다. TV나 냉장고 등 전자 제품에 사용되던 부품으로 트랜지스터를 홍보하기 위해 라디오를 생산했다. 라디오 생산과 판매로는 돈을 벌지 못했지만, 텍사스 인스트루먼츠는 1958년 IBM이 컴퓨터 부품에 진공관이 아닌 트랜지스터만 사용하게 만들었다.

트랜지스터 가격이 내려간 것도 한몫했다. 개발 초기 개당 8달러까지 하던 트랜지스터는 1955년에는 개당 3달러로 내려갔다. 오늘날로 환산해 보면, 트랜지스터 1개 가격이 10만 원에서 3~4만 원으로 떨어진 것이다. 텍사스 인스트루먼츠는 1960년 IBM에서만 2억 달러의 트랜지스터 매출을 올렸다. 비슷한 시기에 트랜지스터 구매의 가장 큰손은 미군이었다. 냉전 시대 소련과 군비 경쟁을 벌인 미국은 무기 정확도를 높일 수 있는 부품으로 트랜지스터를 사용했다.

나는 최초의 트랜지스터라디오가 내뿜는 세련됨과 완벽한 마감에 놀란다. 세대가 두 번이나 바뀐, 60년도 넘은 과거에 어떻게 이런 물건이 탄생할 수 있을까. 더 놀라운 건 반도체 회사의 선견지명이다. 진공관에 비해 부품 가격이 비쌌지만, 언젠가 트랜지스터가 중요한 부품이 될 것을 확신한 반도체 회사의 통찰력이 존경스럽다. 그 많던 라디오 회사들이 진공관 라디오만 고집할 때, 부품 회사가 제품의 역사를 바꿨다. 오늘날 자동차 산업의 격변기와도 비슷하다. 전통적인 자동차 회사가 아닌 테슬라는 전기 자동차를 만들어 판도를 바꾸고 있다. 엔진에서 배터리로 자동차의 동력이 바뀌고, 연료도 기름에서 전기와 수소로 바뀌는 시대다. 최초의 트랜지스터라디오는 많은 점을 시사한다. 기술뿐만 아니라 경영 혁신의 터닝 포인트를 기대하는 기업이나 개인에게 리전시 TR-1은 좋은 표본이다.

트랜지스터라디오의 등장은 도구에 따라 인류 역사를 석기·청동기·철기 시대로 구분하는 것처럼 라디오 산업의 역사를 구분하는 중요한 기준이다. 이런 의미에서 디지털 시대에 접어들었지만, 우리는 아직도 트랜지스터라디오 시대에 살고 있다. 그 출발점에는 부품을 만드는 회사가 제품의 본질을 바꾼 라디오의 역사가 있다. 그 부품 회사가 영향력 있는 대기업이라면 우리 삶의 형태까지 바꾼다. 새끼손톱보다 작은 트랜지스터 부품이 냉전 시대 공중 폭격의 심리적 보호막인 포켓 라디오를 만들었던 것처럼.

미국·일본·독일의 초창기 트랜지스터라디오

리전시 TR-1 이후, 1955년 미국 레이시온 Raytheon은 세계에서 두 번째로 트랜지스터라디오를 만들었다. 일본 소니도 일본 정부의 지원으로 1955년 일본 최초의 트랜지스터라디오 TR-55를 생산했다. TR은 트랜지스터라디오를 뜻한다. 진공관 라디오가 대세이던 시기에 트랜지스터는 혁신의 상징물이었다. 제조사들은 제품 이름에 TR을 표기해 이런 점을 강조했다.

독일에서는 텔레푼켄 Telefunken이 1956년 파트너 Partner TR-1이라는 실험용 트랜지스터라디오를 만들었다. 6개의 트랜지스터가 사

일본 최초의
트랜지스터라디오
TR-55
ⓒSONY

1957년에
생산된 페기-57.
ⓒ woodsonrva

용됐고 리전시 TR-1과 같이 22.5V 건전지와 얀센 스피커를 사용
했다. 하지만 독일에서 최초의 상업용 트랜지스터라디오를 판매
한 회사는 아코드Akkord 라디오였다. 휴대용 라디오 생산에 특화
됐던 아코드는 1957년에 텔레푼켄의 파트너 모델보다 한 달 앞서
페기Peggie-57을 내놨다.

미국과 일본에서 이미 트랜지스터라디오가 나온 뒤라 진공관 라
디오 제조 기술이 뛰어났던 독일 제조사들의 트랜지스터라디오
개발 경쟁은 치열했다. 노드멘데는 1958년에 트랜지스터라디오
맘보Mambo 모델을 발매했다. 독일은 트랜지스터라디오 생산에서
미국과 일본보다 늦었지만, 기존 진공관 라디오에 버금갈 정도로
고급 휴대용 제품을 생산했다.

불굴의 라디오 장인

모델 20 & 다이나트론 노마드

라디오를 수집하다 보면 제조사와 설립자까지 찾아보게 된다. 초창기 라디오 제조 역사에 초점을 맞추면 전설적인 이름이 한둘이 아니다. 최초의 무선 통신 사업가 굴리엘모 마르코니, 경쟁자였던 니콜라 테슬라, 라디오의 아버지 리 드 포레스트 등이다.

라디오 제조 100년 역사에서 내가 존경하는 이는 세 명이다. 한 사람은 미국인이고, 두 사람은 영국인 형제다. 나이와 국적으로 봤을 때, 두 라이벌은 평생 한 번도 만난 적이 없는 것 같다. 라디오 제조 역사를 상징적으로 보여 주는 인물이라 한자리에 불러 보려 한다.

콘텐츠의 중요성을 알아본 애트워터 켄트

2019년 호주에서 라디오 수송 작전을 벌일 때의 일이다. 마크 형이 미리 구입했던 물건을 맡겨 놓은 지인 집에서 100년쯤 된 라디오를 만났다. '모델 20'이라고 붙여진 라디오는 20킬로그램 쌀 포대 무게 정도로 무거웠다. 외부에서 연결하는 스피커는 꽃무늬 모양의 스피커 그릴이었다. 1924년 판매 가격이 100달러, 현재 시세로도 100만 원 이상이었다. 이 모델은 진공관 5개로 이뤄진 AM 전용 라디오인데, 아직까지 작동해 본 적이 없다. 전원을 어떻게 연결하는지 알 길이 없어서다. 90V 직렬과 22.5V 건전지가 필요하다. 당시에는 라디오 전용 건전지 세트가 있었다. 전기 전문가와 상의해 언젠가는 작동을 해 볼 생각이다.

이 라디오는 1873년 출생해 40대 후반에 라디오 제조 공장을 설립한 애트워터 켄트Arthur Atwater Kent Sr.가 만든 제품이다. 애트워터 켄트는 기계공학을 전공하고는 아버지의 기계 상점 뒤뜰에서 작은 사업을 시작한 인물이다. 모터 등 자동차 부품 등을 팔았는데, 자동차 점화 코일 특허로 많은 돈을 벌었다. 49세인 1921년에는 필라델피아에 라디오 제조 회사를 설립했다. 자신의 이름을 딴 '애트워터 켄트 라디오'는 자작Do it yourself 방식의 브레드보드Breadboard, 일명 '빵판'으로 불리는 회로가 들어간 라디오를 생산했다. 외관 상자

애트워터 켄트가 제작한 모델 20.
ⓒ 김형호

의 재료는 무쇠였고, 외부 스피커를 연결했다. 기본적으로 5개 진공관에 주파수 수신율을 높이기 위해 여러 개의 다이얼과 음향 조절 장치를 도입했다. 가구에 접목할 수 있는 방식으로도 생산됐다.

애트워터 켄트는 제품뿐만 아니라 라디오 방송을 후원하며 라디오 보급에 힘썼다. 1926년부터 1934년까지 미국의 〈NBC〉와 〈CBS〉가 방송했던 '애트워터 켄트의 시간The Atwater Kent Hour'은 수준 높은 콘서트 음악을 들을 수 있는 프로그램이었다. 이런 라디오 방송은 라디오 제조사를 광고하는 효과는 물론이고, 라디오 구입 수요까지 늘렸다. 애트워터 켄트 라디오는 1929년 한 해에만 1만 2,000명의 노동자가 100만 대의 라디오를 생산할 정도로 전성기를 누렸다.

미국 대공황은 애트워터 켄트 라디오에게 도전의 시간이었다. 1930년대부터 소비자들의 구매 능력이 떨어지면서 라디오 제조사들은 값싼 라디오로 방향을 바꿨다. 라디오 평균 판매 가격은 1929년 128달러에서 1931년에는 78달러로 낮아진다. 5구 진공관을 3구 진공관으로 바꾸며 라디오 가격을 낮춘 것이다. 애트워터 켄트는 이런 시류를 거부했다. 진공관 개수를 줄이면 수신력과 음질 등이 떨어져 수준 높은 음악 방송을 들을 수 없기 때문이다. 명품을 못 만들 바에는 명예롭게 퇴진하겠다는 생각으로 1936년 공장

문을 닫았다.

폐업 이후 애트워터 켄트의 행보도 이목을 끈다. 그는 미국 과학 산업을 이끈 기술 학교인 '프랭클린 연구소'를 매입했다. 이 건물은 18세기 신대륙 역사와 정신의 상징 인물인 '벤저민 프랭클린'의 이름이 붙었다. 애트워터 켄트는 이 건물을 필라델피아 시에 헌납했다. 현재는 필라델피아 역사 박물관과 애트워터 켄트 박물관으로 운영 중이다. 애트워터 켄트는 15년의 짧은 라디오 생산 기간보다 필라델피아의 역사적 정체성을 확립하는 데 이바지했다.

라디오 역사에서 애트워터 켄트가 기억돼야 하는 이유는 충분하다. 그는 좋은 라디오 제품을 생산하면서 좋은 방송을 만드는 것도 중요하게 생각했다. 애트워터 켄트 라디오의 후원으로 8년 동안 지속된 라디오 방송은 수준 높은 공연 음악을 집 안에서 편안하게 들을 수 있도록 한 미디어 혁명이었다. 좋은 방송은 청취자들이 라디오를 사게 만드는 원동력이었다. 켄트 라디오뿐만 아니라 모든 라디오의 전성시대를 이끌었다.

장인 정신으로 무장한 켄트 라디오는 오늘날까지도 생명력을 유지하고 있다. 금속 외관과 빵판 회로는 개조와 변조를 통해 다시 사용될 정도로 마니아층에서 인기가 높다. 플라스틱이나 목재로 만든 제품들은 파손될 위험이 높은데 반해, 켄트 라디오는 무쇠로 되어 있어서 온전히 보전됐다. 한 눈에 볼 수 있는 라디오 회로는 수리가 쉽다. 잘 만든 물건이 오래 간다는 점은 자원 낭비를 줄이고 환경 보호와도 통한다.

실험 정신이 돋보이는 라디오를 만든 해커 형제

두 번째로 소개할 해커Hacker 형제도 아버지의 가게 한편에서 라디오를 만들어 기업으로 발전시켰다. 형 론Ron과 동생 아서Arthur는 1929년 가족의 식료품 가게의 작은 방에서 아버지 해리Harry의 이름으로 회사를 설립했다. 이때 론은 19세, 아서는 17세였다. 라디오 제조 회사라고 해 봤자 가내 수공업 수준이었고, 일주일에 열 대 미만을 생산했다. 형제는 회사 설립 10년 후인 1936년 회사 이름을 '다이나트론 Dynatron'으로 바꾸고, 본격적인 라디오 생산에 돌입했다. 이 시기에 영국에는 머피와 부시, 로버츠 등 대기업 라디오 회사가 있었다.

해커 형제의 다이나트론은 다른 회사들이 진공관 수를 줄여 제품 가격을 낮추려고 할 때 타협하지 않았다. 가능한 최고의 기술을 접목시켜 많은 진공관으로 명품 라디오를 생산했다. 당시 라디오 산업의 분위기는 진공관을 3~4개 정도 사용하면서 상업성을 중시했다. 이에 반해 해커 형제는 에테르 엠퍼러Ether Emperor 17이라는, 진공관을 무려 17개나 사용한 제품까지 만들었다. 이런 장인 정신은 애국과도 연결됐다. 다이나트론은 제2차 세계대전 중에 영국 공군의 레이더 기기를 만들었다. 론 해커는 영국 작위까지 받았다.

사업이 번창하면서 종업원은 70명에서 160명으로 늘었고, 공장도 커졌다. 대표적인 영국 라디오 회사인 로버츠마저 다이나트론을 경쟁자로 의식했다. 하지만 제2차 세계대전이 끝나고 대량 생산 소비주의 시대에 접어들면서 위기가 찾아 왔다. 세상은 더 이상 장인 정신으로 만든 값비싼 제품에 열광하지 않았다. 쉽게 쓰고 버리는 만만한 가격의 라디오가 인기를 끌었다. 해커 형제의 다이나트론은 값싼 라디오를 대량 생산할 생각도 없을 뿐더러 자금력마저 부족했다. 결국 다이나트론은 자금난 때문에 에코Ecko에 인수됐다. 해커 형제는 그 회사에서 잠시 임원으로 일하다가 퇴사해 1959년 '해커 라디오'를 설립했다. 형제는 1970년 말까지 '해커 라디오 사운드'라는 회사를 운영했다. 해커 형제가 처음 설립한 '다이나트론'은 여러 회사에 팔렸다가 1980년대 영국의 로버츠 라디오가 인수했다.

나는 마크 형이 구입한 다이나트론 노마드Nomad라는 모델을 통해 해커 형제의 이야기를 알게 됐다. 진홍빛 가죽으

다이나트론 노마드.
ⓒ 김형호

로 덮인 외관은 고급 핸드백처럼 보였다. 전면에 금빛 금속 재질로 스피커 그릴이 장식돼 있었다. 라디오 밑에는 회전판이 있어서, 라디오의 방향을 돌리며 방송을 들을 수 있었다. 놀라운 점은 건전지 크기였다. 흔히 알고 있는 9V 사각 배터리 크기의 10배쯤 되는 9V 건전기가 2개 들어갔다. 같은 전압의 건전지의 크기가 다르다는 것은 큰 건전기의 전류, 즉 흐르는 전기의 양이 더 많다는 얘기다. 나는 해외 업체에서 대형 9V 건전지 10개 정도를 주문해 라디오에 연결해 봤다. 1960~1970년대 생산된 유럽의 트랜지스터라디오에는 이런 유형의 건전지가 많이 쓰였다. 건전기가 크다는

| 9V 건전지. ⓒ김형호

것은 건전지를 바꾸지 않고 라디오를 오래 사용할 수 있다는 뜻이다.

해커 형제는 평생을 혁신적인 명품 라디오만 고집하며 실험적이고 창조적인 제품을 만들었다. 그 대표적인 모델이 1959년 나온 가죽 핸드백 모양의 노마드 모델이다. 1980년대 로버츠 라디오는 고가의 제품에는 로버츠 브랜드를 붙였다. 핸드백 라디오는 로버츠 라디오의 트레이드마크가 됐다. 반대로 저가의 제품에는 다이나트론 브랜드를 달았다. 이런 전략은 로버츠와 다이나트론이 같은 고급 시장에서 서로 경쟁하는 것을 방지하기 위해서였다. 하지만 당시 사람들은 다이나트론에 대한 향수가 강했고, 여전히 고급 제품으로 인식했다. 결론적으로 로버츠 라디오의 다이나트론 브랜드 저가 전략은 실패하고 말았다. 1990년대부터 다이나트론 브랜드는 더 이상 사용되지 않고 있다. 동생 아서는 1981년, 형 론은 1984년에 사망했는데, 싸구려로 전락한 다이나트론의 제품을 형제가 봤다면 심정이 어땠을까?

해커 형제의 일대기를 보면, 혁신을 추구하며 평생 새로운 것을 만들려 했던 스티브 잡스가 떠오른다. 자신이 설립한 회사에서 쫓겨나기도 했던 잡스처럼 해커 형제는 회사가 팔리자 포기하지 않고 다른 회사를 설립해 재기했다. 형제의 라디오는 오늘날 영국 왕실 라디오로 유명한 로버츠 라디오에서 디자인을 그대로 유지한 채 디지털 라디오로 재탄생했다.

라디오는 탄생 자체가 혁신이었다. IT도 원류를 찾아 보면 라디오와 닿는다.

시계 회사가 몰랐던 '라디오의 시간'

부로바 250

최초의 트랜지스터라디오 리전시 TR-1이 출시된 직후, 1955년쯤의 일이다. 라디오 역사보다 오래된 시계 회사 부로바Bulova는 포켓 라디오를 시장에 내놓았다. 정확히 말하면, 일본에서 생산한 라디오를 부로바의 이름으로 판매한 것이었다. 라디오 제조 기술이 없었던 이 시계 회사는, 기술력은 있지만 자금력은 부족한 일본의 라디오 제조사를 찾아 제품을 생산했다.

내막은 이랬다. 1954년 최초의 트랜지스터라디오가 미국에서 출시되자 1년 뒤 일본에서도 소니가 일본 최초의 트랜지스터라디오 TR-55를 생산했다. 트랜지스터 기술 특허 사용권을 얻은 덕분이었다. 곧바로 라디오는 일본에서 값싼 노동력으로 전 세계를 상대할 수 있는 수출품이 됐다. 단, 일본에서 생산된 라디오는 미국으로 수출할 수 없었다.

하지만 곧 일본 라디오는 닫혀 있던 미국 시장마저 열었다. 공식적으로 미국에 판매된 첫 일본 라디오는 소니의 TR-63. 미국 시계 회사 부로바 덕분이었다. 부로바는 1955년 'N.E.C.' 생산 방식으로 라디오를 만들어 줄 것을 소니에 요청했다. NEC는 'Not Elsewhere Classifed'의 약자로, 'Classifed'는 '(영업상) 비밀'을 뜻한다. 즉, 주문자가 생산자의 '비밀 기술 정보를 제외하고' 기계와 장비 등의 부분에 관여하는 생산 의뢰 방식이다. 소니는 위탁 생산한 라디오 제품에 자신들이 생산했다는 표시가 들어가기를 원했지만, 부로바는 일본과 소니가 부각되는 걸 원하지 않았다. 로버트 그레이슨Robert Grayson이 쓴《소니: 그 회사와 설립자들Sony: The Company and Its Founders》에는 당시 상황을 이렇게 설명한다.

"1955년 가을, 모리타(소니의 창업주)는 평판이 좋은 부로바 시계 회사의 위탁 매입 대리자를 만났다. 에이전트는 소니의 TR-55 트랜지스터라디오를 좋아했고, 그 자리에서 라디오 10만 대를 주문하자 모리타는 충격을 받았다. 조건은 라디오를 부로바 이름으로만 판매해야 한다는 것이었다. 모리타는 소니

부로바 250.
ⓒ 김형호

브랜드를 계속 사용할 것을 주장했다.",

부로바 250을 두고 어느 누구도 일본에서 만들어진 라디오라고 생각하지 못했다. 부로바가 원했던 게 이런 것이었다. 알지도 못하는 일본 회사의 브랜드보다는 고급 시계 회사의 브랜드 파워가 강하다고 생각했다. 소니가 제작한 부로바 라디오는 최초의 트랜지스터라디오였던 리전시 TR-1을 모방한 포켓 라디오 형태였다. 트랜지스터 6개로 구성됐고, 외부 스피커 없이도 소리를 들을 수 있는 이어폰 잭이 있었다. 특이한 점은 재질이었다. 황금빛 금속으로 앞면을 씌웠고, 주파수 조정 톱니도 금빛으로 반짝였다. 부로바는 라디오 제품을 라디오로 보지 않았다. 시계 회사답게 부로바의 라디오는 보석 가게에서 팔렸다. 리전시 TR-1을 모방한 부로바 250 라디오는 오리지널보다 고급스러워 보였다.

부로바의 NEC 주문 방식은 1960년 초에도 계속됐다. 이번에는 일본 마쓰시타에 의뢰해 B670이란 트랜지스터 6개짜리 라디오를 주문했다. B670은 시계처럼 외형이 금빛 금속으로 돼 있다. 미국에서도 1957년 레이시온Raytheon에 의뢰해 일명 '혜성'Comet이란 애칭의 부로바 620을 생산했다.

부로바는 1950년대 말에는 외부 주문 방식으로 생산한 진공관 라디오에 시계를 배치했다. 라디오 주파수 창과 시

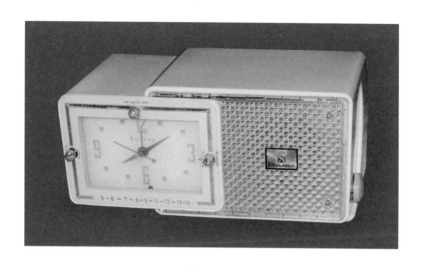

1957년에 생산된 부로바 시계 라디오 모델 100.
ⓒWikipedia

계 바늘 창의 크기를 같게 해, 라디오와 시계의 구분을 모호하게 했다. 부로바의 이런 라디오 시계는 유행처럼 번졌다. 1960년대 제니스는 같은 크기의 주파수 창과 시계 창을 라디오 전면 양쪽에 배치했다. 1980년대에는 액정 LCD 기술이 본격적으로 접목되면서 붐 박스에 전자시계가 붙었다. 교복에 붙은 이름표처럼, 몰개성 시대에 시계는 정체성을 찾으려 했다. 알람 기능이 들어간 라디오까지 시간과 라디오의 인연은 오래됐다. 보통 이런 라디오 시계는 라디오를 껐을 때 진가를 발휘했다. 책상에 별도의 탁상시계가 필요 없었다.

라디오의 성긴 시간성에 대하여

1970~1980년대를 넘어가면서 수신기로서의 라디오는 고가로 팔릴 수 있는 물건이 아니었다. 라디오는 텔레비전에 밀렸고, 비싸고 고급스럽게 만들어도 팔리지 않았다. 그럼에도 부로바가 시계 시장을 뛰어넘어 라디오 분야에서 발전하지 못한 것은 아쉽다.

시계 회사는 '라디오의 본질은 방송'이라는 근본적인 정의定義에 자신들만의 답을 내놓지 못했다. 라디오에 시계가 붙든, 전화기가 붙든, 라디오는 전파로 잡아낸 소리를 스피커를 통해 들려 줘야 한다. 마찬가지로 시계 역시 라디오에 더부살이해서는 라디오를 뛰어넘을 수 없었다.

1980년대 들어 라디오 기능이 있는 손목시계가 등장한 적이 있다. 라디오 수신을 위해 안테나를 길게 뽑을 수 있었다. 전자 계산기 기능도 결합됐다. 이런 시계 라디오를 만든 건 일본 기업들이었다. 시계 회사로는 카시오가 대표적이었고, 라디오 회사로는 산요가 있었다. 소니는 손목에 감아서 들고 다닐 수 있는 스포츠 워크맨 라디오를 출시하기도 했다. 말하자면, 시계와 라디오를 결합하려는 시도는 계속됐으나, 기능들의 단순 결합이었을 뿐 물건의 본질을 재정의하는 수준은 아니었다.

만약 부로바가 손목시계 라디오를 만들었다면 시계와 라디오의 단순한 결합을 뛰어넘어야 했다. 하지만 시계와 라디오의 결합은 처음부터 라디오의 승리로 끝날 수밖에 없었다. 라디오 방송의 시보時報를 생각해 보면 그 이유를 어느 정도 알 수 있다. 라디오 방송은 패종시계처럼 매시간을 알려 주고, 시간대를 기준으로 방송 프로그램이 바뀐다. 진행자마저 방송 중에 가끔 '지금 시각'을 말한다. 시계가 많지 않던 시절에 시간을 알려 주는 것이 라디오의 중요 역할이었기 때문이다. 시보는 지금 관습이 됐고, 라디오 시간성의 중요한 흔적이다. 그런 점에서 시계가 라디오와 결합해 시

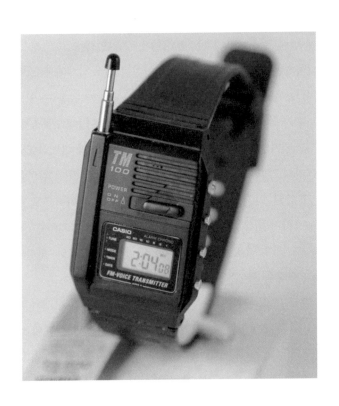

카시오 시계 라디오 TM-100.
ⓒpocketcalculatorshow

간을 알려 주겠다는 발상은 옥상옥이었다. 진공관 라디오에 붙은 바늘 시계나 붐 박스의 전자시계는 집 안에 있는 벽시계나 손목에 찬 손목시계와 다를 바 없었다. 굳이 시계를 하나 더 들여 놓을 필요가 있었을까?

라디오에 빠지고부터 시간을 알기 위해 라디오를 켜는 버릇이 생겼다. 자동차에서 〈EBS〉의 '책 읽어 주는 라디오' 방송이 나오면 정오가 넘은 줄 안다. 점심 이후 취재를 마치고 사무실로 돌아오는 순간에도 그 방송이 나오고 있다면 아직 오후 2시가 안 됐다는 뜻이다. 저녁마다 식탁에서 듣는 라디오 방송은 초저녁을 뜻한다. 〈KBS 클래식 FM〉의 '세상의 모든 음악'의 시그널 음악과 배경 음악은 아직 밤이 깊지 않았으니 강아지와 산책을 나가도 좋다고 얘기하는 것이다.

물론 라디오 진행자가 바뀐 날에는 성긴 시간의 체에 구멍이 난다. 방송 개편으로 그 조합이 바뀌기도 하고, 사는 곳을 옮겨 같은 주파수에서 다른 지역 라디오 방송을 만나면, 저마다의 라디오 시계는 수정된다. 하지만 라디오는 쌍끌이처럼 시간을 모조리 알려주지 않아도 된다. 이중 삼중의 시간 그물을 치지 않더라도 그물코가 큰 라디오의 시간 그물은 중요한 시간들을 놓치지 않는다. 오히려 사소한 번민의 시간들을 물처럼 흘려보낸다.

라디오 방송은 누군가와 연결돼 있고, 진행자와의 소통을 통해 시간과 날씨, 기분까지 알려 준다. 기분에 따라 그 시간은 빨리 가기도, 늦게 가기도 한다. 수신기로서 설 자리를 잃어 가는 라디오를 다시 소환할 수 있는 매력은 이런 낯선 시간성이다. 100년 전 라디오가 들려주는 아침, 50년 전 자동차 라디오가 들려 주는 점심, 1980년대 붐 박스가 방송하는 저녁은 초시계처럼 시간을 재촉하지는 않는다.

진공관과 트랜지스터, 그리고 하이브리드

톰섬 TT-600

요즘 자동차 광고를 보면 전기 자동차뿐만 아니라 수소 자동차까지 선택의 폭이 넓다. 기후 위기가 체감되는 현실에서 가솔린 자동차나 경유 자동차를 타는 건 마음이 불편하다. 국가 보조금이 있기는 하지만, 전기·수소 자동차는 아직까지 가격 면에서 부담스럽다. 내연 기관만큼 모델도 다양하지 않다. 한번 사면 10년 이상 타기도 하니 소비자는 선택에 신중할 수밖에 없다. 이런 틈새를 공략해 등장한 개념이 하이브리드Hybrid 차량이다. 동력으로 기름과 배터리(전기)를 함께 쓴다. 시동을 걸 때는 배터리로, 주행 중에는 엔진과 배터리를 동력으로 이용한다. 과도기 단계에서 유리한 기술만 선택한 것이다.

라디오 산업도 자동차 산업만큼이나 중요한 기술적 과도기가 있었다. 1954년 트랜지스터라디오의 발명이다. 그렇다면 라디오 생산업체들은 1954년을 기점으로 진공관을 포기했을까? 자동차 제조의 역사가 그러했듯, 라디오도 쉽게 진공관을 버리지 못했다. 익숙한 건 포기하기 어렵고, 변화를 두려워하는 사람은 계속 쓰던 걸 고집하는 여러 이유를 만들어 낸다. 진공관과 트랜지스터의 경쟁도 그랬다. 가격 면에서는 진공관 라디오가 트랜지스터라디오보다 비교할 수 없을 정도로 저렴했다. 1950년대 기록을 찾아보면, 진공관 라디오 가격은 25~50달러다. 트랜지스터라디오는 38~80달러였다. 어느 모델을 기준으로 하느냐에 따라 다르겠지만, 최상위 모델을 기준으로 했을 때, 1.5배 정도의 가격 차이가 났다. 소리는 어떤가? 진공관의 따뜻한 음색과 사운드의 증폭력은 트랜지스터라디오를 압도했다.

트랜지스터라디오의 강점은 단 하나. 건전지가 오래간다는 것이었다. 당시 발행된 〈컨슈머 리포트〉에 따르면, 시간당 작동 비용은 진공관 라디오는 시간당 8~20센트, 트랜지스터라디오는 0.5~1.75센트였다. 유지비가 적게 든다는 논리는 오늘날 전기 자동차 판매 직원에게 흔히 듣는 이야기다. 트랜지스터라디오는 휴대용 라디오의 시대를 열었는데, 포터블 라디오는 건전지 수명이 핵심이었다. 진공관은 트랜지스터보다 건전지 효율이 떨어졌다. 한마디로 라디오 가격과 성능은 진공관 제품이 우세했지만, 유지비는 트랜지스터 라디오가 경제적이었다.

제품 가격은 구매에 있어서 가장 중요한 요소다. 지금이야 정부에서 전기차를 사면 보조금이라도 주지만, 진공관 라디오와 트랜지스터라디오의 경쟁은 체급을 구분하지 않은 격투기나 다름없었다. 후발 주자인 트랜지스터라디오는 건전지의 강점을 살리는 전략을 내놨다. 건전지를 충전해 쓸 수 있는 라디오인 GE P-715가 1956년 처음 만들어졌다. 문제는 라디오와 맞먹는 충전기 가격이었다. 에머슨Emerson 은 여러 트랜지스터라디오 모델과 호환되는 충전기를 20달러에 내놓기도 했다. 반영구적으로 건전지를 사용한다는 개념도 도입됐다. 건전지를 교체할 필요가 없는 태양광 전지 라디오가 그것이다. 애드미럴Admiral은 1956년 태양광 전원으로 작동하는 휴대용 라디오를 내놨다. 애드미럴Admiral 7L16 라디오는 전면에 접었나 펼 수 있는 태양광 패널이 부착됐다. 라디오 가격은 59.95달러.

진공관 라디오와 비교해 트랜지스터라디오는 여전히 비쌌다. 건전지 효율을 장점으로 내세웠지만, 소비자들에게는 가격 면에서 진공관 라디오가 덜 부담스러웠다. 어떤 라디오에 진공관이 들어갔는지, 트랜지스터가 들어갔는지 외형으로 구별이 어려운 것도 진공관 라디오가 선전할 수 있는 이유였다. 이런 상황은 1960년대 초반까지 유지된다.

트랜지스터 가격이 내려가면서 트랜지스터라디오는 가격 경쟁력을 갖게 됐다. 휴대용 소형 라디오에서는 더 이상 진공관 제품이 생산되지 않았다. 하지만 진공관 라디오의 저항은 끈질겼다. 여러 개의 스피커를 탑재하거나, 스테레오 기능이 들어간 거실용 또는 테이블 라디오가 1960년대 후반까지 계속 생산됐다. 휴대성을 포기한 진공관 라디오는 전력을 안정적으로 공급받는 중대형 라디오에 집중해 고급화, 차별화 전략으로 판매를 이어 갔다. 트랜지스터라디오가 중대형 진공관 라디오 정도의 성능과 사운드를 갖게 되면서, 1970년 이후부터 진공관 라디오는 더 이상 생산되지 못했다.

트랜지스터의 가면을 쓴 하이브리드

진공관 라디오와 트랜지스터라디오의 싸움에서 경계를 선택한 제품들도 있었다. 진공관과 트랜지스터를 함께 사용한 '하이브리드 라디오'가 그것이다. 1956년 생산된 오토매틱 라디오의 톰섬 Tom Thumb TT-600과 에머슨의 839, 856 모델이 대표적이다. 트랜지스터 부품 가격이 비싸다 보니 제

하이브리드 라디오 톰섬 TT-600.
전력 소모가 많은 진공관을 위한 건전지,
트랜지스터용 건전지가 각각 들어갔다. ⓒetsy

조사는 라디오에서 건전지 소모가 심한 진공관 출력관을 트랜지스터로 대체했다. 톰섬 528은 4개의 진공관이 사용됐는데, 하이브리드 라디오 톰섬 600은 진공관 3개와 트랜지스터 2개를 혼용했다. 진공관과 트랜지스터 구동에 맞는 건전지도 필요했다. 전력 소모가 많은 진공관 부품을 위해서 45V 건전지, 트랜지스터에 전원을 공급할 4V 건전기가 사용됐다. 톰섬 600은 세상에서 가장 작고 파워풀하며 건전지 수명이 오래간다는 점을 강조했다.

주목할 것은 제조사가 이 하이브리드 라디오를 트랜지스터라디오라고 홍보한 점이다. 광고 포스터의 가장 잘 보이는 곳에는 트랜지스터를 강조하며 진공관 라디오 가격으로 트랜지스터라디오를 판다는 문구를 넣었다. 이제 막 트랜지스터라디오가 생산되던 1950년대 후반, 트랜지스터는 최첨단으로 인식됐다. 당시 사람들은 트랜지스터의 기술적 원리는 잘 몰랐지만, 반도체라는 가변적 부품의 성질에 열광했다. 때문에 진공관과 트랜지스터를 함께 쓴 최초의 하이브리드 라디오는 최첨단 트랜지스터라디오라는 이름으로 판매된 것이다.

하이브리드 라디오는 진공관의 소리와 트랜지스터의 경제성이라는 장점을 결합한 재주꾼이었다. 유리한 점만을 가져 왔으니, 한계를 수월하게 극복할 수 있었다. 안타까운

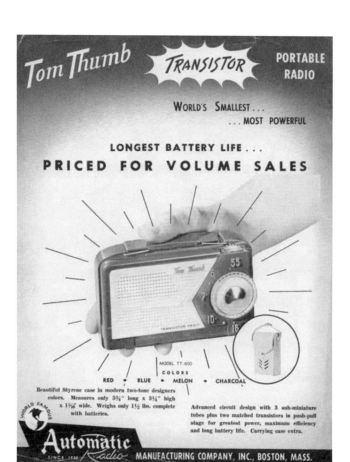

'트랜지스터라디오'로 홍보한 톰섬 TT-600.
© abetterpage

건 하이브리드 라디오의 명맥이 끊어진 점이다. 진공관에서 트랜지스터로 옮겨 가는 과정은 사회적 합의로 이뤄진게 아니었다. 소비자들은 전기가 통했다가 차단되는 반도체의 혁신적 속성에 끌렸다. 제조사들도 라디오 생산의 효율성 측면에서 트랜지스터를 선호했다. 결국 전력 사용의경제성과 마케팅 전략이 트랜지스터에게 유리했다. 이 과정에서 하이브리드 라디오는 과도기에 시험 삼아 선보인것에 그쳤다.

하이브리드는 과도기의 한계를 극복하기 위해 새로운 대안을 찾아 결합한 결과물이다. 쉬운 말로 잡종이다. 실제로하이브리드는 생물학적 용어로 혼합물 또는 잡종을 말한다. 반대말은 순종이다. 세상에서 순종으로 생존하기란 어렵다. 환경적으로 또는 사회적 요구에 따라 순종은 잡종으로 바뀌면서 변화한다. 변화의 자극이 바뀌면 또 다시 하이브리드가 찾아온다. 결국 기술이 시대를 이끌기도 하지만, 사회적요구가 기술을 다시 끌어내기도 하는 것이다. 이 과정에서어느 방향으로 어떻게 갈지를 고민하는 방법이 하이브리드아닐까.

60년간 살아남은 디자인
부시 TR-82

영국 부시Bush의 TR-82 모델은 똑같은 디자인으로 60년 이상 생산되고 있는 라디오다. 앞서 언급했듯이 TR은 트랜지스터라디오를 뜻한다. 부시 TR-82는 영국의 산업 디자이너 데이비드 오글David Ogle의 작품이다. 오글은 자동차 브랜드 미니Mini의 기원인 Ogle SX 1000 모델을 디자인하기도 했다. 함지박 모양의 라디오 TR-82는 오른쪽 상단에 원형 주파수 창이 위치한다. 'BUSH'라는 글자가 가운데에 들어가고 그 아래 스트라이프 스타일의 스피커 그릴이 있다. 인터페이스 장치는 상단에 위치해 잘 보이지 않는다. 전체적인 느낌은 풍성한 함지박이 연상된다. 오른손으로 방송 주파수의 둥근 창을 돌릴 때면 금고를 여는 다이얼을 만지는 것처

부시 TR-82.
ⓒ 김형호

럼 흥분된다. 그 안에 뭐가 있을까, 뭐가 나올까?

볼륨감과 깔끔한 소품 이미지 때문에 이 모델은 지금도 사진 촬영과 방송 배경에 자주 쓰인다. 흥미로운 점은 TR-82는 소품으로 사랑받지만, 예술품으로는 취급되지 않는다는 사실이다. 전문가들은 디자인 철학과 재료, 사용자 인터페이스 등에서 독창성이 부족하다고 지적한다.

여기서부터 의문이 시작된다. 그다지 독창적이지 않은 공산품이 동일한 디자인으로 60년 이상을 버텼다. 아무리 사랑받는 자동차 디자인도 10년을 버티기 힘들다. 각진 모서리를 라운드로 바꾸거나 상징처럼 인식되던 라디에이터 그릴 모양을 바꾸기도 한다. TR-82는 외형적인 변화 없이 아버지와 아들 세대까지 이어졌다. TR-82 모델 이전에 비슷한 디자인의 MB60 모델이 있었다. 부시의 MB60은 진공관 계열 라디오로 1957년에 처음 생산됐다. 2년 후 트랜지스터 계열의 TR-82가 만들어졌다. 이 과정에서 디자인은 그대로 놔두고 내부 부품만 바꿨다.

동일한 외형으로 내부 부품만 바뀌는 전통은 60년 이상 지속됐다. 중파와 장파 주파수에 FM이 추가됐고, 2000년대 들어서는 디지털 계열의 LCD 창이 부착됐다. 영국 라디오답게 여왕 즉위 50주년을 기념하는 골든 주빌리 Golen Jubilee 스페셜 에디션도 2002년에 내놓았다. 최근 들어서는 부시가 아닌 다른 회사들이 TR-82 디자인을 응용한 라디오를 만들고 있다.

기능의 저하를 극복한 디자인

60년을 이어온 부시 TR-82의 힘은 뭘까? 산업 디자인은 독일 바우하우스에서 시작된 기능주의 사조의 영향에서 자유롭지 못하다. 양차 세계대전이 끝나면서 산업 디자인은 제품 기능에 충실하면서 경제성을 고려해 재료를 적게 사용하는 독일풍을 따랐다. 당시 유행한 모더니즘 예술 사조도 디자인 업계에 스며들었다. 이때 만들어진 TR-82에도 모던한 미니멀리즘의 정신이 녹아 있다. 그렇다고 명품이라고 할 정도는 아니었다. 세련돼 보이면서도 비싸지 않은 디자인의 라디오였다. 요즘 말로 가성비가 좋았다. (역설적이게도 '예술 작품'으로 취급받던 미니멀리즘 라디오들은 오늘날까지 생산되지 못하고 있다. 디자이너의 철학을 담기 위해 고집한 재료가 가격 경쟁력을 떨어지게 하는 경우가 많았기 때문이다.)

산업 디자인에서 디자인에 변화를 주는 것은 중요한 마케팅 원칙이다. 외관 디자인의 변화는 실질적인 기능이 바뀌지 않아도 새로운 기능으로 개량되거나 개선된 것 같은 인상을 주기 때문이다. 가시와기 히로시의《모던 디자인 비판》에서 디자인은 사람들의 의식을 변화 또는 개량할 수 있다는 사고에서 출발했다고 말한다. 실제로 더러움이 눈에 잘 띄는 흰색의 냉장고는 사람들의 위생 관념 의식을 변화시켰다. 외관의 변화는 공산품에서도 구매욕에 영향을 주기에 충분하다.

　TR-82는 이런 디자인에 대한 기대 심리를 역이용했다. 겉모습이 바뀌지 않아서 오히려 소비자들에게 예전보다 품질이 나빠지지는 않았을 거란 심리적 안정감을 준 것이다. 과거에 그 제품이 썩 괜찮은 물건이었다면 이런 기대감은 더 커진다. TR-82는 비싼 재료를 쓰거나 디자인 이미지 변신에 들어갈 비용을 투입하지 않았다. 내부 부품의 질은 낮아졌는데, 외관 디자인을 그대로 유지해 동일한 기능을 보유한 제품인 것처럼 속였다. 60년 동안 동일한 디자인의 라디오가 생산된 비결에는 이런 속임수가 숨어 있었다. 1980년대 이후 TR-82는 IC 집적회로와 디지털 방식으로 부품을 바꿨다. 가벼운 레트로풍으로 전락한 것이다. 외형은 묵직한데 손으로 라디오를 들면, 의외의 가벼움에 실망감이 생긴다. 육감적인 디자인의 볼륨감이 시각적 무게감을 잡아주지만, 소리도 육감적일 것이란 환상은 라디오 소리를 듣는 순간 바로 깨진다. 허접한 스피커와 가벼운 울림통은 기

내 수집품의 상당 부분을 차지하는 TR-82.
환갑을 넘은 라디오에게 지혜를 구한다.
ⓒ 김형호

대 이하의 음질을 만든다.

전자 제품이 수십 년 동안 동일한 디자인을 유지하는 건 불가능에 가깝다. 이런 불가능의 실현에는 시대와 회사의 부침이 있었다. 시대적으로 '크게 뒤떨어지지 않는' 외관은 변신의 조급함을 털어 버렸다. 스테디셀러는 될 수 있으니 베스트셀러가 되겠다는 모험을 하지 않은 것이다. 라디오 제조업이 사양길에 접어든 것도 영향을 끼쳤다. 부시는 과거 영국에서 가장 유명한 전자 제품 브랜드였다. 대부분 라디오 제조사가 다른 회사로 넘어간 것처럼, 부시 라디오도 현재는 홈 리테일 그룹 '아르고스Argos'의 소유가 됐다.

지금도 부시 브랜드는 여러 디지털 라디오로 판매된다. TR-82도 약간의 디자인 수정을 거쳐 디지털 라디오로 변신했다. 기존의 크기보다 작은 미니 버전의 아날로그 트랜지스터 모델도 있다. 전통적인 원형 주파수 창의 위치는 오른쪽에서 왼쪽으로 바뀌기도 했다. 디자인 사용권을 얻은 여러 회사들은 기존의 디자인을 변형해 'BUSH' 로고 자리에 저마다의 브랜드를 붙였다. TR-82는 시대의 요구에 따라 디자인을 약간 바꿀 정도로 포용력을 발휘하게 된 것이다. 그렇다고 대놓고 명품이라고 불리지는 않는다. 예전에도 그랬고 지금도 그렇듯 시대 감성에 뒤떨어지지 않을 정도로 꾸준한 사랑을 받고 있을 뿐이다.

그럼에도 TR-82는 부시 라디오의 아이콘이다. 잘 만든 디자인은 몇 대代가 먹고 살 수 있는 위대한 유산이다. 이런 게 전통이다. 부시 라디오는 당시 TR-82 포장 박스에 전통을 강조한 문구Traditional Radio Receiver를 넣었다. 산업 제품이 수십 년 동안 디자인을 그대로 유지했다면 전통의 힘이다.

내 수집품에는 TR-82가 수십 개나 된다. 환갑을 넘은 라디오를 보며 지혜를 구한다. TR-82 디자인의 원조인 MB60을 보면 단단한 젊음의 기운마저 느껴진다. 60년을 한결같은 디자인을 고수한 라디오는 어쩌면 바보처럼 살았다. 그렇기에 개칠을 당하지 않았고, 본전은 할 것이란 뚝심은 함부로 디자인에 손을 대지 못하게 했다.

파랑을 탄 자동차 라디오

블라우풍트 더비

프랑스의 중세사 연구가이자 색채학의 대부인 미셸 파스투로Michel Pastoureau는《파랑의 역사Bleu: Histoire d'une couleur》에서 인류에게 파랑이 어떻게 인식돼 왔는지를 설명한다. 미셸은 파랑을 가리킬 때 가장 흔히 쓰는 프랑스 단어인 'Bleu 블뢰'가 게르만어에서 유래했다고 말한다. 파랑은 서양 언어에서 Blue(영어), Bleu(불어), Blau(독일어), Blu(스페인어) 등으로 표현되는데, 이는 어원학적으로 볼 때, 게르만어 'Blavus 블라부스'에 가깝다는 것이다.

유럽 국가 중에서 파랑 하면 바로 떠오르는 국가는 프랑스다. 일단 프랑스 축구 국가 대표 팀부터 '레 블뢰Les Bleus'라고 불린다. 중세 시대에는 프랑스 군주의 색이었고, 프랑스 대혁명을 거치면서는 청색이 빨강·하양과 더불어 국가의 상징색이 됐다.

그런데 역사를 보면 파랑은 독일의 색이라고 보는 게 더 적절하다. 파랑은 수천 년 동안 자연에서만 얻을 수 있었는데, 18세기 초반 독일에서 역사상 최초로 청색과 녹색 계통을 합성한 파랑이 만들어졌다. 이른바 '프러시안 블루'. 프러시아는 프로이센의 영어식 표현이고, 프로이센은 독일의 전신이다. 미국화학회 공식 홈페이지에 따르면, '프러시안 블루'라는 명칭은 이 색이 18세기에 프러시안 군인들의 군복에 사용된 것에서 유래됐다. 이후 수 세기 동안 프러시안 블루는 천, 고무, 플라스틱의 염료가 됐고, 페인트와 잉크의 색깔로 애용됐다. 이 정도면 블루의 어원이 게르만어 블라부스에서 기인한다는 사실을 다시 언급하지 않아도, 파랑의 본고장에 대한 논쟁을 일단락하기에 충분하다.

독일의 색 '파랑'을 이어받은 블라우풍트

독일 전자 제품 회사 중에 파랑을 브랜드 명칭으로 쓰는 100년 기업이 있다. 우리말로 '푸른 점'으로 해석되는 '블라우풍트Blaupunkt'가 주인공이다. 회사는 1924년 'IDEAL'이란 이름으로 처음 라디오를 만들었는데, 검수가 끝난 제품

'푸른 점'이라는 의미를 가진
독일 전자 제품 회사 '블라우풍트'.
로고에 푸른 점이 들어가 있다.
ⓒGetty Images

에 푸른 점 모양의 라벨을 찍었다. 소비자들에게 '푸른 점'이 각인되다 보니 '블라우풍트'는 뛰어난 품질의 상징이 됐다.

파란색 이야기에서 독일 기업을 거론하는 이유는 이 회사가 자동차 라디오에서 독보적이었기 때문이다. 블라우풍트는 1932년 '유럽 최초로' 자동차에 라디오를 장착했다. 1952년에는 세계 최초로 FM 라디오 방송 수신이 가능한 자동차 라디오를 생산했다. '역사상 최초의' 자동차 라디오는 미국 모토로라가 생산했지만, 현재 모토로라는 라디오보다 무선 통신으로 유명하다. 자동차 음향 기기로 출발한 모토로라는 자동차와 라디오의 결합에 안주하지 않고, 움직이면서 전파를 수신하는 기술 개발에 집중했다.

자동차 라디오의 본질을 가장 잘 보여 주는 모델은 블라우풍트 더비Derby 시리즈다. 1960년대에 생산된 더비 670과 680 모델은 자동차용은 물론이고 휴대용으로 만들어졌다. 라디오 하단에는 자동차와 연결하는 케이블 커넥터가 있다. 라디오를 자동차에 연결하면 스피커는 위쪽을 향하고 주파수 창과 각종 조절 장치가 정면을 본다. 자동차 대시보드에 장착된 더비 라디오는 카 오디오로 착각할 정도다. 눕혀져 정면을 향하고 있는 라디오 상단의 인터페이스는 오늘날 자동차 라디오와 비슷하다.

자동차에서 라디오를 분리해서 손으로 들어 보면 묵직한

블라우풍트 더비.
ⓒ김형호

무게감에 놀란다. 휴대용으로 전환해 작동하려면 규격 건전지 가운데 두 번째로 큰 C형 건전지 6개가 필요하다. C형 건전지는 작은 타입의 A형보다는 조금 굵고 무거워 6개를 모두 넣으면 라디오가 제법 무겁다. 건전지의 음극과 양극을 배치하는 방법도 자세히 살펴보지 않으면 전원 연결에 낭패를 볼 수 있다. 블라우풍트는 자동차 라디오 모델과 결별하고도 더비 라디오 시리즈를 꾸준히 생산했다. 작동 인터페이스를 상단에만 놓고 정면에는 스피커 소리를 듣기 쉽게 점으로 구멍을 뚫었다. 정면 하단에 적힌 브랜드 이름이 보이지 않더라도, 상단에 조금 튀어나온 조절 장치와 버튼, 앞면의 스피커 그릴로 블라우풍트 더비의 DNA를 읽을 수 있다.

누구에게나 사랑 받는 파랑, 어디에서나 어울리는 라디오

자동차 라디오는 라디오 방송 100년의 역사에서 각별한 의미가 있다. 라디오 방송이 시작된 초창기부터 사람들은 이동하면서 라디오 방송을 듣고 싶어 했다. 사람 키 높이의 루프 안테나를 통해 걷거나 자전거를 타면서 라디오를 듣고, 삼륜 오토바이에서 무선 통신을 하고 라디오를 듣는 행위는 100년 전 사람들의 소박한 바람을 실현하는 것이었다.

이렇게 집 안에서만 들을 수 있던 라디오가 휴대용 포켓 라디오에서 중대형 포터블 라디오로 진화하는 데에는 자동차 라디오가 결정적이었다. 자동차 라디오는 방송 수신력과 전원 문제를 말끔히 해결해 휴대성과 이동성을 모두 거머쥐었다. 이 때문에 자동차 라디오는 휴대용 라디오 세계의 돌파구가 됐다.

현재 자동차 라디오의 명맥은 이 분야 후발 주자였던 블라우풍트가 잇고 있다. 선구자였던 모토로라는 모빌리티 통신 분야로 넘어갔다. 포터블 라디오와 자동차 라디오 본질에 계속 집중했던 블라우풍트는 오늘날에도 음향 기기와 자동차 모빌리티 기술에서 세계 최고를 달리고 있다.

미셸 파스투로의 《파랑의 역사》는 역사적으로 존재감이 없던 파랑이 가장 사랑받는 색상이 될 수 있었던 이유를 이렇게 말한다. "파랑이 다른 색들보다 상징성이 덜 강한 색이기 때문에 가장 덜 미움을 받았다." 파랑이 폭력적이지도 규범을 벗어나지 않는 상징성이 있다 보니 오늘날 환상적이고 매력적이며 안정을 주고 꿈을 꾸게 하는 색깔이 됐다는 이야기다.

블라우풍트의 '푸른 점'을 볼 때면, 어디에나 잘 어울리는 라디오가 떠오른다. 집 안 어디에나 하나쯤 있고, 이제는 스마트 기기에 쏙 들어가 일정한 모양마저 드러내지 않는 라

1933년 블라우풍트의
자동차 라디오 모델 AS 5.
ⓒ Getty Images

디오. 나는 저 푸른색처럼 특별히 미움을 사지 않는 게 라디오라고 생각한다. 여기에는 라디오 제조 역사의 큰 상징이 된 '푸른 점'이 지대한 역할을 했다. 블라우풍트 덕분에 자동차 라디오는 언제 어디에나 들고 다녀도 이상하지 않은 휴대용 라디오로 이어졌기 때문이다. 그깟 색에 뭐 그리 거창한 의미를 부여하느냐고 핀잔을 주겠지만, 실제 역사가 그렇다.

그런데 만약 블라우풍트가 푸른 점이 아니라, 튀거나 호불호가 갈리는 색을 점으로 찍었다면 어땠을까. 예를 들어 빨간색이라면? 아마 블라우풍트의 브랜드 인지도는 오래가지 못했을 것이다. 푸른색은 색상마저 모호하다. 프러시안 블루, 지평선 청색, 생드니Saint-Denis의 청색, 빈센트 반 고흐가 그린 작품 '별이 빛나는 밤에'의 블루, 아니면 프랑스 남부 코트다쥐르Côte d'Azur의 바닷빛? 이런 불명확함은 포용력이 있다. 다 맞을 수 있고 다 틀릴 수도 있는 상황에서 상대의 기분이 상하지 않도록 모두를 아우르고 조화를 이룬다. 어디에나 있고 어디에나 없는 라디오를 만든, 푸른 점을 가진 블라우풍트처럼 말이다.

최초의 자동차 라디오를 만든 모토로라

자동차 라디오를 세계 최초로 만든 회사는 미국의 모토로라다. 무선 통신 회사이자 한때 휴대폰 회사로 알려졌던 이 업체는 1930년 최초의 자동차 라디오를 생산했다.

자동차 라디오의 탄생은 낭만과 도전 정신의 산물이다. 자동차 라디오의 아이디어는 미시시피강으로 일몰 풍경을 보러 자동차 드라이브를 가면서 시작됐다. 로맨틱한 저녁 풍경을 보면서, 여자 친구가 이런 분위기에서 자동차에서 음악을 들을 수 있으면 좋겠다는 말을 건넸다. 남자 친구는 이런 제안을 가볍게 흘리지 않고 집으로 돌아와 라디오를 분해해 자동차에 장착했다. 이 남자가 제1차 세계대전 때 미국 해군에서 라디오 운영자로 복무했던 윌리엄 리어William Lear다. 젊은 청년 리어, 그리고 친구이자 훗날 모토로라 회장을 역임하는 웨이버링Elmer Wavering의 제안으로 5T71이란 모델의 자동차 라디오가 탄생했다.

회사 대표의 이름을 딴 갈빈 제조사Galvin Manufacturing Corporation는 초창기에는 자동차 오디오만 전문적으로 생산했다. 라디오까지 접목하면서 자동차 라디오를 '모토로라'로 명명했다. '모토로

최초의 자동차
라디오를 만든
윌리엄 리어.
ⓒWikipedia

라'는 자동차를 뜻하는 모터Motor와 이탈리아어로 소리의 파동, 목소리를 뜻하는 올라ola의 합성어다. 당시에는 '라디올라Radiola' 처럼 브랜드 뒤에 '올라'를 붙이는 게 산업적으로 유행했다.

세계 대공황과 초창기의 조악한 제조 기술은 어려움을 가중시켰다. 체계적이지 못한 생산 시스템은 자동차 라디오의 가격이 올라가는 요인이었다. 초창기 자동차 라디오는 자동차 전원이 아닌 별도의 건전지로 작동했고, 가격만도 오늘날로 환산하면 3,000달러, 한화로 300만 원 이상이었다. 하지만 미국 포드에서 모토로라의 자동차 라디오 공장에 투자하면서 모토로라는 성공할 수 있었다. 갈빈 제조사는 1947년 공식적으로 모토로라로 회사 이름을 바꿨다.

예술 작품이 된 라디오

브리온베가 TS-502

나의 본격적인 라디오 수집은 호주에서 시작됐다. 호주는 2005년 이민을 떠난 친형, 마크 형이 사는 곳이다. 한국에서 라디오 수집에 한창 열을 올리던 시절, 마크 형은 호주 중고 장터에 라디오가 많이 나온다고 알려 줬다. 주식에 넣어 뒀던 비상금을 꺼내 호주의 라디오 구입에 썼다. 어느 순간 형도 번 돈의 일부로 라디오를 구입하고 있었다. 라디오 수집은 어느새 형제의 공통 취미가 됐다.

어쩌다 라디오 창고가 생긴 곳은 호주 애들레이드였다. 사우스오스트레일리아의 주도인 애들레이드는 시드니, 멜버른, 브리즈번 등 호주 3대 도시에는 들어가지 않아 우리나라 사람들이 잘 모르는 곳이다. 1800년대 유럽에서 온 이민자들이 많이 거주했던 곳이고, 지금도 초창기 이민자들의 후손이 많이 산다. 인구는 130만 명 정도. 호주 최대 와인 주산지인 바로사 밸리Barossa Valley가 있다.

2018년 우리 형제는 라디오 수송 작전에 나섰다. 애들레이드 창고에 보관 중인 라디오를 마크 형이 사는 브리즈번까지 차로 직접 운반하기로 했다. 초등학생 아들과 나는 호주로 갔다. 브리즈번에서 상봉한 우리 셋은 곧바로 비행기를 타고 애들레이드로 향했다. 애들레이드에서 브리즈번까지 차량 이동 거리는 2,200킬로미터. 비행기로도 2시간이 걸린다. 용감한 형제는 이렇게 멜버른과 시드니를 기착지로 라디오 수송 대장정에 돌입했다. 출발 첫날, 하루 10시간을 달려 빅토리아주 멜버른에 도착했다.

여기서 우리 일행은 뜻하지 않게 뉴욕현대미술관Museum of Modern Art, MoMA 순회 전시를 보게 됐다. 뉴욕에도 못 가봤는데, 호주에서 MoMA 전시를 보게 될 줄이야. 말로만 듣던 마르셀 뒤샹의 '샘'을 실제로 보고, 의자에 꽂혀 있는 자전거 바퀴도 관람했다. 이게 예술인가?

더 놀라운 건 전시 중인 라디오였다. 자세히 보니 우리가 가지고 있는 제품도 있었다. 어? 라디오가 예술 작품이란 말인가?

예술 작품이 된 라디오

2018년 호주에서 만난 MoMA 전시.
ⓒ 김형호

MoMA 전시회에서 만난 '우아한 라디오'

뉴욕현대미술관 홈페이지에 들어가 보면, 예술 작품으로 소개된 라디오를 만날 수 있다. 스피커 회사로 유명한 뱅앤올룹슨BANG&OLUFSEN, 이탈리아 회사 브리온베가Brionvega, 디터 람스Dieter Rams의 디자인 작품으로 유명한 브라운Braun 라디오도 있다. 이런 라디오가 예술 작품으로 인정받는 것은 제품을 디자인한 디자이너 때문이다. 브리온베가의 산업 디자이너였던 이탈리아의 마르코 자누소Marco Zanuso와 독일 출신인 리하르트 자퍼Richard Sapper는 1960년대 큐보Cubo라는 애칭의 접었다 펼 수 있는 라디오 TS-502를 디자인했다. '열리고 닫히는 우아한 라디오Open or closed this radio is an elegant unit'. TS-502의 광고 문구는 '컬트 오브제'로서 충분하다. MoMA는 브리온베가의 다른 제품과 자누소와 자퍼가 디자인한 작품을 별도 컬렉션 공간에서 전시 보관하고 있다.

뱅앤올룹슨의 야콥 얀센과 브라운의 디터 람스 디자인의 산업 제품들도 예술 작품 범주에 들어간다. 디터 람스는 디자인을 공부하는 사람들에게는 살아 있는 교과서다. 우리나라에서도 미국 뉴욕 MoMA에 전시 중인 디자인 제품을 볼 수 있는 공간이 있다. '4560 디자인하우스'다. 이곳은 1950년부터 1980년까지 외국의 유명 산업 디자이너들이 디자인한 브라운과 뱅앤올룹슨, 브리온베가, 애플 등의 제품들을

영국 싱어송라이터이자 배우인 데이비드 보위가 소장했던 TS-502.
이 라디오는 2016년 소더비 경매장에 매물로 나왔다.
ⓒ Getty Images

전시하고 있다. 4560 디자인 하우스의 박종만 대표는 "예술 품도 사조가 있듯이 디자인 흐름에 기여한 산업 디자이너의 작품들은 디자인적 관점에서 예술 작품이 될 수 있다."라고 말한다. MoMA는 제품의 스펙과 기능 때문이 아니라 외형 적 디자인에 가치를 둔다는 것이다.

흥미롭게도 예술적인 산업 제품들은 노브Knob, 손잡이가 없거나, 사용자 중심의 인터페이스 등이 아름답고 편리하게 제작됐다. 디자이너가 철학을 담아서 미학적이면서도 사용자 의 편의성을 고려해 제품을 만든다는 이야기다. 예술적 경지 의 제품들이 많이 팔릴 수밖에 없는 이유다. 이런 제품들은 싫 증나지 않으면서도 오래 사용하는 걸 자랑스럽게 여기게 되 는 마법을 부린다. 그렇다고 오래 쓰는 물건이 반드시 예술품 이라는 말은 아니다. 적어도 오래 쓴다는 것은 시대를 초월하 는 예술의 불멸성과 어느 정도 연결된다는 뜻이다.

철학과 혼을 담은 전자 제품이 작품이 될 수 있다는 생각 은 오늘날 대기업의 명품화 전략과도 통한다. LG전자는 '오 브제Objet'를, 삼성전자는 '비스포크Bespoke'를 통해 명품 브 랜드 전략을 내세운다. 자동차 업계에서도 기업 고유 브랜 드를 숨긴 렉서스와 제네시스 등이 있지 않은가.

여기서 중요한 건 명품과 예술품이 동등한 위치가 아니라 는 것이다. 예술품이 명품일 수는 있지만, 명품이 반드시 예

술품은 아니다. 기업 명품화 전략은 차별화를 통한 소비주의의 감정을 건드리는 것에 지나지 않는다. 무엇보다 비싼 가격은 대중화보다는 고급화에 가깝다. MoMA에 전시되는 라디오나 산업 제품은 물건의 본질에 충실하면서도 쓰는 사람의 감정까지 윤택하게 한다. 직관적으로 물건을 만들기 때문에 별도의 설명서를 보지 않아도 쉽게 사용할 수 있다. 물건에 끌려다니는 게 아니라 소통한다는 느낌을 준다. 가만히 보고만 있어도 기분이 좋다.

예술은 작가의 의도를 뛰어넘어 의미를 확장하고 증폭한

데이비드 네이션 씨가 제작한
우표 크리스털 라디오.
ⓒ 김형호

다. 예술품을 대하는 각자가 다양한 코드를 읽어 내고 마음
마저 움직인다면 '인생은 짧고 예술은 길다'는 말이 백번 옳
다. 라디오 예술품도 그렇다.

우표 크리스털 라디오가 예술품인 이유

호주 애들레이드부터 브리즈번까지 이어진 수송 작전 중에
가장 조심스럽게 다뤘던 라디오가 있다. 얼핏 봐서는 라디
오라고 상상할 수 없는, 우표 300여 장을 붙인 나무틀 액자

다. 영연방 국가에서 제작된 물건답게 엘리자베스 2세의 젊은 시절 모습과 처칠의 얼굴이 담긴 우표가 많다. 그밖엔 호주와 관련된 인물과 사건을 기념한 우표로 장식돼 있었다. 중앙에는 크리스털 라디오가 장착됐다. 안테나 역할을 하는 금속선이 액자 가장 자리에 소용돌이 모양으로 똬리를 틀었다. 기능적으로는 안테나 역할을 하는 코일과 주파수 조정장치, 이어폰으로 구성됐다.

이 라디오의 진면목은 이어폰으로 라디오 방송을 듣는 순간이다. 크리스털 라디오는 우리말로 '광석 라디오'라고 번역되는데, 전파를 흡수하는 광석의 원리를 이용해 검파기로 전파를 수신하는 초보적 기술의 라디오다. 전원이 없다 보니 소리를 증폭할 수 없어서 이어폰으로만 들을 수 있다. FM 수신 기술에는 적용할 수 없다.

이 라디오 작품을 만든 사람은 데이비드 네이션 David Nation 씨다. 몇 년 전 이분을 인터뷰하러 호주까지 간 적이 있다. 직접 만난 제작자는 전기 전자 관련 일을 하다 은퇴한 할아버지였고, 작업장인 창고는 열정이 가득한 전파사 같았다. 그는 손주가 만들어 준 스포츠 신문을 창고에 걸어놓고 우리에게 자랑했다. '데이비드 네이션이 호주 오픈 골프 대회에서 그렉 노만을 꺾다 DAVID NATION BEATS GREG NORMAN IN AUSTRALIAN OPEN.' 그렉 노만이라면 호주의 골

데이비드 네이션 씨와의 인터뷰.
ⓒ 김형호

프 영웅 아닌가. 사실이 어떻든 할아버지는 위트 있는 작품이 흡족했나 보다.

나는 그에게 "왜 이런 라디오를 만들었나요?'라고 물었다. 그러자 의외로 간단한 답이 돌아왔다. "가진 기술을 놀리기 뭐해서 재미 삼아 만든 거죠. 은퇴하고 나이가 드니 편히 지낼 곳이 이런 창고밖에 없네요."

할아버지가 대수롭지 않은 물건이라고 겸손해 했지만, 나는 우표 크리스털 라디오를 예술품으로 꼽기를 주저하지 않는다. 커뮤니케이션이라는 범주에서 우표와 라디오는 의미가 통한다. 우표를 붙인 우편물이 배달되는 과정과 무형의 라디오 전파가 퍼져 나가는 원리가 묘하게 닮았다. 모호함을 나름대로 해석하면서 감동을 받을 수 있는 것이다. 작품 자체에 매몰되지 않고 메시지가 부각된다는 점에서 독자적인 생명력도 지녔다. 우표와 라디오라는 소통 매체의 상징성, 그리고 전기를 쓰지 않는 텔레파시 같은 커뮤니케이션은 이 작품에서만 느낄 수 있는 감흥이다.

결정적으로 우표 크리스털 라디오가 예술품이 될 수밖에 없는 이유가 있다. 산업 디자인으로 생산된 라디오를 예술품으로 평가할 때 직면하는 한계가 대량 생산품이라는 점이다. 희소성이 없다면 예술품의 반열에 오를 수 없다. 이런 점에서 세상에 하나밖에 없는 우표 크리스털 라디오의 유일무

이함은 예술품의 자격을 한층 강화한다.

MoMA는 팝 아트나 산업 디자인 제품, 특히 라디오가 예술 작품으로 평가받게 된 데에 큰 기여를 했다. 현대 예술의 영역을 넓힌 것이다. 그렇지만 내가 가지고 있는 MoMA 전시품과 동일한 모델의 라디오를 예술품이라고는 자랑할 수는 없는 노릇이다. 예술에는 권위와 우상이라는 보이지 않는 힘이 작동한다. 전문가의 평가와 해석이 예술품의 등급을 매기기 마련이다. 그럼에도 대량 생산품인 라디오에 스토리를 입히고, 나만의 의미를 부여할 때 모든 라디오는 예술품이 될 수 있다. 라디오 예술품은 생산이 아니라 개개인의 사용자를 통해 예술로 승화된다는 뜻이다. 독일 통일의 순간을 라디오로 방송했던 서독 또는 동독의 라디오가 한반도의 비무장지대에 전시된다면 이것은 예술품이다. 평범한 사용자의 이름이라도 새겨져 있다면 진실성마저 더해진다. 무엇보다 통일을 염원하는 메시지로, 더 나아가 남과 북이 휴전선을 걷어 버리는 중요한 도구로 쓰인다면 그 라디오는 전위 예술품이 되기에 충분하다.

여러분의 책상과 거실을 오랫동안 차지하고 있는 라디오를 보라. 얼마나 당신과 함께해 왔는지, 언제 어떻게 당신을 위로했는지를. 오랫동안 그 자리를 지켰다는 건 이미 예술품이 됐다는 뜻이다.

—

라디오 간판스타
브라운 T-22

라디오의 모양을 생각할 때 떠오르는 이미지는 다양하다. 학창 시절 라디오를 사용한 40~50대들은 스피커가 한 개 붙은 카세트테이프 라디오가 익숙하다. 이런 모델은 삼성의 RC-325가 대표적이다. 1970년대 말 생산된 이 라디오는 소리도 크고 한눈에 끌린다. 또, 축제용 홍보 포스터나 광고 영상에는 붐 박스 일러스트가 자주 들어간다. 큰 스피커에서 소리가 원형으로 퍼져 나가는 그림은 음악이나 축제를 함축적으로 표현하기에 적당하다. 요즘에는 자연스러운 배경 소품으로 티볼리 오디오와 영국 부시의 TR-82 모델이 자주 등장한다. 이처럼 라디오는 대표적인 이미지를 한정하기 어려울 정도로 스펙트럼이 넓다.

삼성의 명품 카세트 라디오 RC-325.
ⓒ 김형호

어떤 라디오를 좋아하냐는 질문을 자주 받는다. 이럴 때면 어떻게 대답을 해야 할지 난감하다. 국가별 또는 상표 위주로 설명을 하자니 장님 코끼리 다리 만지기 식이어서 제대로 의도를 전달하기 어렵다. 1960~1970년대 독일과 영국에서 생산된 라디오를 설명하려면 브랜드 이야기를 빼놓을 수 없는데, 이들 브랜드 중에는 라디오를 더 이상 생산하지 않는 곳이 많다. 그래서 그림으로 보여 준다. 스피커를 원으로 단순화하고 카세트 플레이어는 사각형으로, 여러 작동 버튼들을 점으로 표현하면 누구나 이해하는 라디오 모양이 된다.

라디오 수집가로서 라디오의 대표적인 이미지를 고민해 봤다. 본질의 탐구는 이름에서 시작한다. 라디오는 방송의 의미와 혼용되는데, 기능적으로는 수신 기계인 리시버 Receiver다. 라디오 어원은 라틴어에서 왔다. '파장'을 의미하는 'Radi-'와 동족어인데, Radio는 '광선에게, 광선으로'라는 뜻이다. 물리적 형태로서 라디오는 스피커와 결합돼야 한다. 전파를 눈과 귀로 보여 줄 수 있는 도구가 스피커이기 때문이다.

내가 생각하는 대표적인 라디오의 이미지는 이렇다. 정면에는 주파수 창과 스피커 그릴만 위치한다. 주파수 창은 상단이나 좌우 한쪽에 폭이 좁은 긴 직사각형 형태가 적당하다. 주파수 창의 바늘 움직임을 쉽게 확인하기 위해 튜너 손잡이를 원형 주파수 창의 중심에 두는 모델도 괜찮다. 라디오에서 소리가 난다는 즉시성은 큰 스피커 한 개로 충분하다. 라디오 원기의 외형이 사각형이라면 스피커는 원형 또는 사각형이 어울린다. 이제 남은 건 작동 버튼의 위치다. 라디오의 작동을 고려하면 버튼을 상단에 두는 것이 편리하면서도 간결하다. 안테나는 넣었다 뺄 수 있게 머리만 조금 보이는 형태로 왼쪽 끝에 숨긴다.

라디오의 원기를 찾아서

근원에 대한 기본적인 탐구 방법은 연대기순의 통사痛史적 고찰이다. 무선 통신 사업화에 성공한 '굴리엘모 마르코니'의 매직 박스가 1순위인 건 당연하다. 하지만 초기 매직 박스는 말소리를 전달하지는 못했기에 탈락이다. 라디오의 아버지로 불리는 '리 드 포레스트Lee de Forest'는 어떤가. 포레스트는 진공관의 원형을 만들었지만, 휴대용 라디오로 발전시키지는 못했다. 오늘날까지 대세인 FM 방송 주파수가 들어가지 않은 1940년대 이전은 라디오 원기 논의에서 제외하기로 한다.

라디오의 간판스타는 최소한 FM과 AM 주파수 수신이

가능하고, 손잡이가 있어야 한다. 집에 둘 수도 있고 밖으로 들고 다닐 수 있어야 한다는 뜻이다. 여기에 또 다른 고민이 있다. 핵심 부품으로 라디오를 구분하는 기준, 진공관과 트랜지스터다. 진공관 라디오도 휴대용은 있었지만, 모던하면서 디자인적으로 질리지 않는 라디오는 트랜지스터 계열이 적당하다. 복합기 개념인 붐 박스는 제외한다. 라디오 이외에 카세트와 여러 음향 소스가 연결되는 붐 박스는 야외용 전축, 오디오 계열에 가깝다. 정리하면, 라디오 원기는 FM과 AM 겸용의 휴대용이며 스피커는 한 개인 트랜지스터라디오다.

원기 탐험은 절반 정도 왔다. 이제부터는 생산 국가를 찾아 봐야 한다. 라디오는 전기와 주파수 등 과학 기술의 결합체다. 초창기 무선 통신 기술은 영국과 미국이 주도했다. 독일, 프랑스, 러시아 등이 가세하면서 20세기 초반에는 제국주의 국가들만 라디오 제작 기술을 보유했다. 아시아에서는 일본이 유일했다. 두 차례 세계대전은 라디오 산업의 지형을 바꿨다. 결과적으로 냉전 시대 자본주의의 만형인 미국을 중심으로 독일, 일본이 라디오를 생산하는 삼국지가 탄생했다.

라디오 생산의 전성기는 1960~1980년이었다. 전후 호황은 아시아를 제조업의 공장으로 바꿨다. 미국은 라디오 제조를 포기하고, 독일과 일본 등의 수입품에 의존했다. 따라서 라디오 원기 보유국은 독일과 일본으로 압축된다. 일본보다는 독일이 기술에서 앞선다. 독일제는 명품의 다른 이름이기도 했다. 결론적으로 20세기 중반 독일에서 생산된 트랜지스터라디오로 원기의 폭을 좁힐 수 있다.

독일 브랜드에서 모던 라디오 대표 선수를 뽑는 건 쉬운 일이 아니다. 이 시기 독일에는 세계 최고로 인정받는 라디오 브랜드가 많았다. 독일을 대표하는 지멘스Siemens, 아에그AEG를 비롯해 텔레푼켄, 그룬딕, 사바, 노드멘데, ITT, 블라우풍트 등 브랜드 후보만 열 개가 넘는다.

이제부터는 객관적 전문성을 높이기 위해 디자인 수상작에 도움을 빌려 본다. IF 디자인상은 독일에서 1954년부터 시작된 산업 디자인 분야의 권위 있는 상이다. IF는 '산업 포럼Industrie Forum'의 약자로, 독일 하노버 산업 무역 전시회의 부대 행사 'Special Show for Well-Designed Industrial Goods 훌륭하게 디자인된 산업 제품 특별 쇼'를 계기로 탄생했다. 디자인상 초창기에는 독일 제품 위주로 수상이 이뤄졌다. 수상작 라디오 중에는 1954년 텔레푼켄 유빌라테, 1962년 브라운 UKW-트랜지스터 T52, 1963년과 1964년 노드멘데 마이크로 UKW와 트랜시타 유니버설, 1967년 블라우풍트 더비 670 등이 눈에 띈다. 이 모델들의 공통점은 미니멀리즘이다. 'Less is More'. 단순함과 간결함이 본질에 충실하다는 미니멀리즘 철학은 라디오 원형과 잘 어울린다. 따라서 라디오 원기를 찾는 마지막 키워드는 미니멀리즘이다.

디터 람스의 미니멀리즘 라디오

라디오의 대표 이미지는 디터 람스가 1960년에 디자인한 브라운의 트랜지스터라디오 T-22가 가장 적합하다. 주파수 창과 스피커 그릴의 수평적 조화는 라디오를 작동하지 않을 때에도 예술품처럼 품위 있다. 상단에 튀어나온 주파수 조정 톱니는 반달보다는 초승달 모양에 가깝다. AM과 단파 등 주파수 밴드를 선택하는 버튼의 크기도 과하지 않다. 디터 람스는 1961년에는 상단에 주파수 창과 인터페이스 손잡이가 함께 위치한 T-52 모델을 디자인했다. 이 모델은 라디오 손잡이를 받침대로 눕혀서 사용할 수 있었다. 사용자가 같은 높이의 시선에서 튜너를 조정하면서 주파수 바늘의 움직임을 동시에 볼 수 있는 게 특징이다.

디터 람스는 1950년대 중반에 이미 미니멀리즘 디자인의 브라운 진공관 라디오를 선보였다. 1955년에는 FM 주파수만 있는 SK-1, 이듬해에는 FM과 AM 주파수 모델의 SK-2 모델을 출시했다. SK-2 라디오는 지금도 뉴욕현대미

디터 람스가 디자인한 브라운 T-22.
ⓒ 김형호

위— FM 주파수만 있는 SK-1. ⓒSumally

아래— FM과 AM 주파수가 있는 SK-2. ⓒArmen Kandatyan

술관MoMA에 전시될 정도다. 세계 최초의 트랜지스터라디오가 1954년 겨울에 출시됐기에 1950년 말까지는 미니멀리즘 디자인의 트랜지스터라디오가 등장하기 어려웠다.

브라운의 SK 시리즈 진공관 라디오는 직사각형 모양의 앞면에 작은 물방울 크기의 구멍이 뚫려 있다. 오른쪽 상단에는 둥근 주파수 창이 위치하고, 그 아래 음량과 주파수를 조정하는 두 개의 손잡이가 있다. 밋밋해 보이는 정면의 왼쪽에는 주파수 창보다 큰 스피커가 숨어 있다. 약간 사선에서 보면 물방울 판 뒤에 감춰진 스피커가 보인다. 스피커가 노출되느냐 숨느냐는 다른 문제다. 라디오 스피커는 그릴망으로 보호되는 것이 일반적이다. 스피커가 잘 보이지 않아도 앞면에서 소리가 나오는 것은 누구나 예상할 수 있기 때문이다. 디터 람스가 1950~1960년대에 디자인한 브라운의 진공관 라디오와 미니멀리즘한 트랜지스터라디오는 라디오 이미지의 원기로서 가장 적합하다.

오늘날 어떤 라디오 디자인도 디터 람스의 디자인 코드에서 벗어나기 어렵다. 우리나라 라디오 중에서는 최규하 대통령의 라디오라고 불리는 금성사의 RF-745 모델이 대표적이다. 독일 지멘스의 터프 드 럭스Turf De Luxe 모델도 같은 계열에 속한다. 원형 주파수 창과 튜너를 함께 배치한 영국 울트라Ultra의 미니멀리즘 제품과 필립스의 FM 전용 마리에트Mariette 모델도 원조 라디오 간판스타의 DNA를 가지고 있다. 라디오 원기는 언어와 인종, 나이를 초월해 누구에게나 쉽게 라디오라는 걸 설명해 주는 픽토그램으로 손색이 없다.

'번안 라디오'의 아이러니

골드스타 A-501

열여덟 살의 가수 진주가 부른 노래 '난 괜찮아'는 1997년
에 발표됐다. IMF 구제 금융 당시 국민들에게 위로와 희망
을 줬다고 알려져 있다. 가사는 JYP의 박진영 대표, 편곡은
BTS 기획사의 대표 방시혁이 맡았다. 이 노래는 번안곡이
다. 원곡은 글로리아 게이너Gloria Gaynor의 'I'll Survive'다.
1978년 발표된 디스코풍의 원곡은 진주의 '난 괜찮아'보다
비트는 약하고 리듬도 느리다. 시대적 감성 때문인지 두 노
래를 한자리에서 들으면 원곡보다 번안곡이 낫다는 생각이
든다. 하지만 번안곡이 원곡의 메시지를 그대로 담을 수는
없다. 원곡 'I'll Survive'가 위대한 건 '빌보드 핫 100곡'이나,
그래미 어워드에서 최고 디스코 녹음상을 받았기 때문만은

아니다. 이 노래는 오늘날에도 여성 인권 운동의 저항 현장에서 상징적으로 불린다. 이것이 원조의 힘이다.

한국의 '번안 라디오'

전 세계 라디오 제조사에서 대한민국은 어디쯤에 있을까? 우리나라에서 최초로 생산된 라디오 이야기를 하지 않을 수 없다. LG전자의 전신인 금성사는 1959년 골드스타 A-501 라디오를 만들었다. 진공관 5개가 들어간 A-501 라디오는 부품 국산화율이 60퍼센트가량에 달해 국가등록문화재 559-1호로 등록됐다. 현재 LG전자와 〈KBS〉, 대한민국역사박물관 등을 비롯해 국내에 10대가량 남아 있는 것으로 알려져 있다. 감정가는 1억 원대로 추정된다. 최초의 국산 라디오는 대졸 신입 사원의 3개월 급여 수준인 2만 환에 팔렸을 정도로, 당시에도 고가 제품이었다. A-501은 노동 시인 박노해의 장인인 전기 기술자 김해수 씨가 개발 사업을 총지휘했다. 제조와 관련된 이야기는 인터넷 등에서 쉽게 찾아 볼 수 있어 생략한다.

주목할 점은 '1959년'과 '진공관 라디오'라는 대목이다. 1959년은 미국에서 최초로 트랜지스터라디오가 생산되고도 5년이 지난 시기다. 유럽과 미국, 일본까지 트랜지스터라

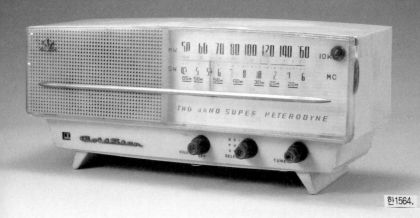

공식적으로 우리나라에서 최초로 생산된 라디오, 골드스타 A-501.

디오 제작 기술을 습득한 1950년대 말, 우리나라는 왜 진공관 라디오를 만들었을까? 해답은 일본에서 부품을 수입해 조립 생산했던 국내 라디오 생산 현실에서 찾을 수 있다.

금성사보다 2년 앞선 1957년에 국내에서 생산된 라디오가 있었다. 삼양사의 브랜드였다. 삼양은 '삼양전기'라는 자회사를 설립해, 일본에서 100퍼센트 수입한 라디오 부품을 조립해 판매했다. 삼양전기의 라디오가 최초의 국산 라디오로 기록되지 못하는 것은 기술 독립이 없었기 때문이었다. 삼양전기가 최초로 판 '국산' 라디오 모델 이름은 S5-A1. S는 삼양전기의 영문 앞 글자, 숫자 5는 진공관 개수, A는 교류 전기, 1은 첫 모델을 의미한다.

1958년 금성사도 정부로부터 허가를 받아 수입 부품으로 라디오를 조립해 팔았다. 1959년 공식적인 최초의 국산 라디오 금성 A-501은 일본 산요가 1955년에 생산한 SF-78 모델이 원조다. 국산화하지 못한 진공관 등은 일본 부품을 사용했다. 금성사는 1960년 들어 진공관 숫자를 4개로 줄인 A-401을 비롯해, 최초의 국산 트랜지스터라디오 TP-601 등 본격적인 국산 라디오 시대를 열었다.

일제 강점기와 한국 전쟁 때문에 국산 라디오의 출발은 늦을 수밖에 없었다. 우리나라는 일제 강점기였던 1925년에 〈KBS〉 전신인 〈경성방송국〉이 처음으로 라디오 방송을 송출했다. 1954년 말 기독교 방송인 〈CBS〉가 최초의 민간 방송을 시작했다. 한국 전쟁 이후 공장 설비를 갖추기 힘든 상황에서 라디오는 외국에서 수입해야 했다. 부품을 수입해 조립하는 건 그나마 나은 편이었다. 미군 부대에서 반출된 라디오와 오디오를 개량해 만든 전파상 시대도 있었다. 대기업이 라디오 제조에 뛰어든 1950년대 말부터는 라디오 제조 기업이 늘었다. 별표와 활표, 독수리표 등은 대한민국 라디오 춘추 전국 시대의 숨은 실력자들이었다.

기술적으로 라디오 제조에서 뒤처진 우리나라가 선택한 건 일본과의 기술 제휴였다. 조선을 식민 지배하고 한국 전쟁 동안 군수 물자 기지로 이득을 본 일본은 대한민국에게 증오의 대상이다. 하지만 경제적 셈법은 이런 불편한 관계를 잠시 뒤로 미루게 했다. 1965년 한일 국교 정상화를 기점으로 일본과의 기술 제휴가 봇물처럼 터졌다.

한일 국교 정상화 이전에도 부품을 수입·조립해 판매하는 상황이었다. 기술적으로 한참 뒤처진 우리나라는 일본과의 기술 제휴에 선택의 여지가 없었다. 화신전자는 소니, 금성사(LG전자)는 히타치, 대한전선(대우전자)은 도시바, 삼성전자는 산요와 기술 제휴를 맺었다. 금성사에 비해 전자 제품 생산에 늦게 뛰어든 삼성은 1968년 이병철 회장이 일본 산요전기를 방문한 이후 대규모 공장을 설립했다. 삼성은 현재 삼성전자 수원 공장 터에 '삼성산요전기'를 설립해 전자 제품 생산을 시작했다. 출범 초기 삼성산요전기는 삼성이 절반의 지분(삼성 50퍼센트, 산요 40퍼센트, 스미토모상사 10퍼센트)밖에 가지고 있지 않았다. 삼성은 생산된 제품에 자기 이름도 달지 못했다. 삼성은 산요전기의 지분을 모두 인수해 1973년 '삼성산요파츠'로 독자적인 회사를 설립했다. 텔레비전 수출로 도약의 기틀을 마련하며 1987년에는 산요의 꼬리표를 떼고 '삼성전기'로 회사 이름을 바꿨다.

기술 제휴로 생산된 라디오는 말이 제휴지, 일본 제품을 그대로 베끼는 수준이었다. 일부 라디오 모델은 한국 브랜드로 이름만 바꾼 것도 있었다. 모방은 창조의 어머니라는 말을 꺼내지 않더라도, 돈을 주고라도 기술을 배우는 건 칭찬할 일이다. 문제는 이런 제휴가 모방의 한계를 넘지 못했다는 점이다. 산업화 시대 초기 우리나라는 '기능주의적 디자인'을 추구했다. 말이 기능주의지 그냥 어떻게든 작동만 시키면 됐다. 아름다움, 소리, 음향, 내구성은 생각할 겨를이 없었다. 가격 경쟁력을 위해 값싼 재료를 사용했고, 아름다움을 고려하기도 어려웠다. 20세기 초반 건축과 디자인 학교였던 바우하우스Bauhaus에서 비롯된 독일의 기능주의는 실용성과 기능성, 미학적인 부분이 함께 결합돼 있었지만,

1962년 금성사 라디오
생산 현장.
ⓒ연합뉴스

우리나라는 기능주의의 내면을 볼 여유도 없이 제품의 겉만
모방하며 라디오 생산 국가들을 추격했다.

1970년대부터 라디오 기술은 전 세계적으로 평준화됐다.
이후 1980년대로 접어들면서 라디오는 TV와의 경쟁에서
밀리고 있었다. 신흥 제조국인 대한민국이 라디오 제조에
본격적으로 뛰어들었을 때, 전 세계 라디오 시장은 클라이
맥스에서 내려오고 있었다. 한국은 싸구려 소비 시장의 막
차를 탔다. 잘나가던 외국 라디오 제조사들은 망하거나 라
디오 생산을 포기하고 다른 분야로 전향했다. 오늘날 발전
소 건설이나 군수, 의료 기기 등에서 앞서 나가는 회사들은

한때 라디오를 만들었다. 그 시절 아무리 한국이 대단한 라디오를 만들었어도 팔리지 않았을 것이다. 대한민국의 시대적 운명은 내수 시장을 위해 라디오를 만들고, 값싼 노동력으로 생산한 라디오를 수출하는 것이었다. 영화 '터미네이터'에서 주인공이 엄지손가락을 치켜세우며 용광로에서 사멸하는 순간처럼 전 세계 라디오 산업은 죽어가고 있었다.

그럼에도 우리나라의 라디오 제조사들이 핵심 기술이었던 튜너에 집중하지 못한 점은 아쉽다. 주파수를 소리 신호로 변환하는 핵심 기술인 튜너는 오늘날의 무선 통신 산업과 연결된다. 우리나라에서 생산된 라디오 가운데 튜너와 스피커가 결합된 최고의 라디오 DNA를 찾기는 어렵다. 극동 아시아가 세계 전자 제품의 공장이었던 1970~1980년대, 라디오는 쉽게 사서 버리는 소비재였다. 전자 제품의 시대적 격변기에 명품이나 고급 라디오를 만들기는 어려웠다. 국가 브랜드 파워도 없던 시절, 새로운 유형의 독자적 라디오 생산은 미친 짓이었다.

한국 전자 산업의 모태가 된 번안 라디오

우리나라의 라디오 제조 기술이 TV와 연결된 건 그래서 반가울 수밖에 없다. "I'll be back." '다시 돌아오겠다'던 영화의 주인공처럼 라디오 제조 기술은 한층 업그레이드된 전자 산업으로 부활했다. 전 세계의 거대 라디오 제조사들과 함께 사멸했던 우리나라의 라디오 제조 기술은 용광로에서 강하게 융합했다. 그 옛날 서럽게 외국 기술을 모방해 라디오를 만들었던 금성사와 삼성은 오늘날 세계 TV 시장을 선도하고 있다. 최초의 국내 라디오 생산 회사는 백색 가전의 대명사 LG로 바뀌었다. 일본과의 합작으로 라디오 생산에 뛰어든 삼성은 세계가 알아주는 반도체 기업이 됐다. 초슬림과 초고속, 월페이퍼 방식의 최초의 차세대 디스플레이 TV는 외국의 기술 제휴와 모방에서 배운 라디오 기술이 밑바탕에 있었기에 가능했다.

다시 노래 얘기를 해 본다. 심수봉의 '백만 송이 장미'는 러시아 가수 알라 푸가초바Alla Pugacheva의 '백만 송이 장미 Million Allyh Roz'를 번안했다. 두 노래의 감성은 거의 비슷하다. 두 가수는 국민 여가수라는 이력마저 닮았다. 그런데 반전이 있다. '백만 송이 장미'는 1981년 발표된 동유럽 라트비아 가요다. 번안이 두 번 되는 동안 원곡은 잊혀졌다. 번안이 잘됐다는 뜻이다.

한국이 번안 제조한 라디오의 원류를 따라가 보면, 일본과 유럽, 미국이 있다. 라디오 계보를 따지자면, 한국의 번안 라디오는 아류에서 끝난다. 하지만 오늘날 최고를 자랑하는 대한민국의 TV와 초고속 무선 통신 산업은 갑자기 하늘에서 뚝 떨어진 게 아니다. 늦게 출발한 만큼 부단한 연구 노력이 숨어 있었다. 남이 만든 물건을 분해해서 원천 기술을 연구하는 것은 오늘날에도 흔한 일이다. 모방 없는 창조가 있을 수 없다는 것은 역사가 말해 준다. 시간이 지날수록 기술은 발전하고, 후발 주자는 원조와 모방을 섞어 새로운 기술로 도약했다. 우리나라 최초의 라디오 금성사 A-501은 1억 원이라는 감정가보다, 국가등록문화재라는 데 방점이 찍혀 있다. 원천 기술을 확보하기 위한 수많은 시행착오와 그 속에서 겪었을 서러움은 돈보다는 문화재로 재평가돼야 할 것이다.

사실 이만하면 족하다

사바 트랜잘 오토매틱

최근 200년 동안 발명된 여러 물건들이 그렇듯 라디오도 과학 기술이 없었다면 탄생하기 힘들었다. 무엇보다 전기와 유무선 전신 기술은 라디오 자체라고 해도 과언이 아니다. 라디오의 기초 기술은 19세기 말부터 20세기 중반까지 꾸준히 발전했다. 가장 급격한 변화는 진공관을 트랜지스터로 대체한 라디오 부품의 변화다.

라디오 발전에 마지막으로 등장한 혁신적 기술은 자동 선국, 즉 프리셋 Preset 기능이다. 오늘날 자동차 라디오에서 쉽게 볼 수 있다. 자주 듣는 라디오의 주파수를 저장해 놓았다가 간편하게 불러온다. 주파수를 스캔하다가 방송 신호가 강하게 잡히면 튜너의 주파수 이동이 멈춘다.

프리셋 기능은 독일의 사바SABA에서 최초로 개발됐다. 1950년대에는 최고급 진공관 라디오에만 아날로그 다이얼 방식으로 프리셋 기술을 적용했다. 프라이부르크 모델의 상위 제품에만 볼 수 있을 정도로 당시에는 최첨단 기술이었다. 오늘날 특정 주파수를 숫자로 저장하는 디지털 주파수 저장 기능을 초창기에는 아날로그 바늘로 구현했다.

아날로그 프리셋은 구동 방법에서 생명력이 느껴진다. 주파수를 찾는 스캔 버튼을 누르면 튜너 손잡이가 자동으로 회전한다. 주파수 창의 바늘도 빠르게 한쪽 방향으로 이동하다 강한 신호 부분에서 멈춘다. 손으로 튜너를 돌리며 라디오 방송 주파수를 찾다가 소리가 잘 잡히는 지점에서 멈추는 것과 같은 원리다. 아날로그 자동 선국은 주파수를 찾고도 미세한 잡음을 제거하기 위해 움직인다. 팽이가 쓰러지지 않으려고 제자리에서 회전하듯 좌우로 움직이며 방송을 잡는 모습은 주인에게 충성하는 반려견 같다.

사바의 최상위 라디오 모델인 프라이부르크에는 유선 리모컨 기능까지 접목됐다. 오늘날 무선 리모컨으로 라디오의 음량과 방송을 조정하는 것과 똑같다. 1950년대에는 무선 기술이 없었기에 유선으로 연결했을 뿐이다. 오늘날 TV나 라디오, 에어컨 등 가전제품에 적용된 무선 리모컨의 선행 개념은 독일 사바 라디오에서 찾을 수 있다. 유선 리모컨

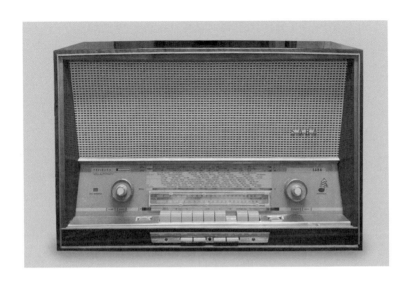

사바 라디오의 최상위 모델인 프라이부르크.
자동 선국 기능과 유선 리모컨이 연결됐다.
ⓒ 김형호

의 이름은 사바 페른슈테이룽Saba Fernsteuerung, 말 그대로 '사바 원격 조종기'다.

아날로그에서 디지털로 넘어가는 과도기의 자동 선국 라디오 모델은 '사바 트랜잘 드 럭스 오토매틱Saba Transall de luxe Automatic'이 대표적이다. 트랜스Trans라는 이름에서 알 수 있듯 트랜지스터라디오다. 주파수 3개를 저장할 수 있었는데, 기본 튜너까지 포함하면 4개까지 선호하는 방송을 쉽게 들을 수 있다. 전파를 잘 잡기 위해 안테나 2개가 설치됐고, 주파수 창에 불이 들어온다. 세로로 세워서 사용하는 게 일반적이지만, 가로로 눕히면 자동차에 장착된 라디오가 된다. 실제로 자동차와 연결할 수 있게 제품 하단에 연결 코드가 있다. '트랜잘 드 럭스' 라디오는 요즘 만들어진 라디오 제품이라고 해도 믿을 만큼 기능과 디자인, 소리까지 손색없다.

트랜지스터 시대가 본격화되던 1960년대에 사바는 프리셋 기능을 넣은 트랜지스터라디오를 곧바로 생산하지 않았다. 트랜지스터라디오의 프리셋은 주파수 저장 버튼에 튜너를 각각 집어넣었다. 고급 기술이다 보니 가격이 비쌀 수밖에 없었다. 1960년대 초반에는 프리셋 기능이 없는 '트랜스유로파Transeuropa' 라디오가 먼저 만들어졌다. 이후 프리셋 기능을 넣은 고급 모델이 모습을 드러냈다.

사바의 주파수 저장 기술은 1970년에는 세계적으로 보

주파수 자동 저장 기능이 접목된 트랜지스터라디오,
사바 트랜잘 드 럭스 오토매틱.
© 김형호

편화됐다. 독일과 미국, 일본의 라디오 모델에서 쉽게 볼 수 있다. 자동 선국 기술 이후 라디오 기술에는 특별한 변화가 없었다. 아날로그 주파수 창을 LCD 화면으로 바꾼 게 그나마 발전이라면 발전이다. 아날로그에서 디지털로의 변화는 라디오 기술의 자체적인 변화라기보다는 전자 산업의 패러다임 변화라고 볼 수 있다. 디지털 시대에서도 프리셋 기능은 트랜지스터라디오의 프리셋 원리와 동일하게 개별적으로 선호하는 주파수를 저장할 수 있다.

프리셋 기능 이후 반백 년 넘게 라디오는 혁신적인 기술 개발을 하지 않고도 명맥을 유지하고 있다. 오늘날 라디오는 겉모습만 화려할 뿐, 전성기보다 오히려 제품 성능이 떨어진다. 가격을 고려하다 보니 스피커와 수신력은 소홀해졌고, 색상과 디자인에서만 변화를 추구한다. 과거 디자인이 복고풍으로 유행하고 있을 정도다. 다르게 표현하자면 수십 년 전에 나온 기술로도 라디오는 첨단 시대를 살아가기에 부족함이 없다.

'매직 아이'까지는 괜찮다

나는 라디오의 기술 정체에 아쉬움이 없다. 그 정도면 충분하다는 생각이다. '적정 기술Appropriate Technology'이라는 그

럴듯한 개념을 붙이지 않더라도 120년 동안 축적된 기술은 라디오 작동에 적당하다. 오히려 60년 전에 발명된 프리셋 기능이 과도하다. 자동으로 주파수를 잡아 주는 기술은 라디오를 작동하는 데 반드시 필요한 건 아니다. 프리셋 기능이 없어도 잠시 튜너 손잡이를 움직이는 수고로움으로 라디오 방송을 들을 수 있다. 편리하기는 했지만 프리셋 기능은 라디오에서 '과당 기술 Excessive Technology'이었다. 잠깐의 불편을 해소해 주는 자동 선국 기능 때문에 튜너를 여러 개 설치한다. 중요 부품이 더 들어가다 보니 제품 가격은 비싸진다.

간단한 키트 Kit를 조립해 방송을 수신하는 건, 라디오의 원초적 기술이다. 간단한 기술만으로도 우리가 세상과 연결돼 있다는 연대감을 준다. 라디오는 1~2만 원부터 수백만 원까지 가격 편차가 크지만 접목된 기술의 본질에는 차이가 없다. 반드시 필요하지 않지만, 있으면 좋은 과당 기술은 편리함을 내세우며 물건을 비싸게 파는 기업의 판매 전략이다. 생산자는 발전된 기술을 선보여야 한다는 강박이 있고, 추가된 새로운 기능은 제품 가격을 올릴 수 있는 좋은 구실이다.

자동 선국 기능이 기술적으로 진화하는 단계에서 진공관 라디오에는 한때 매직 아이 Magic eye라는 직관적인 수신 기능이 등장했다. 매직 아이라고 하면 눈의 초점을 조절해 평면에서 입체 영상을 보는 놀이가 떠오른다. 라디오의 매직 아이는 주파수 신호가 강하게 잡힐 때 입체적인 도형을 표시하는 장치다. 라디오 제품에 따라 선이나 원의 형태로 나타난다. 아날로그 프리셋 기능은 고급 진공관 라디오에만 넣을 수 있다 보니 상대적으로 저렴한 라디오에는 매직 아이 기능을 넣었다. 방송 주파수가 제대로 잡혔는지를 눈으로 재차 확인시켜 주는 것이다.

매직 아이 개념은 트랜지스터라디오 시대로 넘어오면서 브이유 미터VU Meter로 연결된다. 브이유 미터는 음파의 강약에 따라 눈금이 좌우로 움직이는 장치로 음량을 눈으로 식별할 수 있는 레벨계다. 귀로 구별이 불가능한 소리를 눈금 위의 바늘 움직임으로 보여 준다. 매직 아이가 선의 선명도로 라디오 방송이 제대로 잡혔는지를 보여 준다면, 브이유 미터는 소리의 강도로 수신 상태를 나타낸다. 라디오의 소리 레벨계는 LED 불빛의 눈금으로 발전했다. 튜너가 움직이면서 감지하는 주파수 강도를 불빛으로 신호 세기를 표시한다. LED 미터는 진공관 라디오의 매직 아이와 닮았다. 그런데도 나는 불빛 눈금이 진공관 라디오의 매직 아이보다 마음에 들지 않는다. LED의 눈금이 평면적이라면 매직 아이는 평면에서 숨어 있는 그림을 찾는 재미와 감동이

주파수 수신 강도를 보여 주는
진공관 라디오의 매직 아이.
ⓒ 김형호

있다.

　과당 기술은 라디오를 사용하면서 느낄 수 있는 감각을 무디게 한다. 손으로 직접 튜너를 돌리며 주파수를 맞출 때 귀는 최적의 감도를 찾기 위해 신경 세포를 움직인다. 눈은 주파수 창의 숫자를 세심하게 보고, 손끝은 뇌와 신호를 주고받으며 예민하게 움직인다. 자동으로 주파수를 찾아 주거나 저장하는 기능은 우리의 감각을 점점 둔하게 한다. 프리셋 기능은 말할 것도 없고, 매직 아이나 브이유 미터까지 엄밀히 말하면 과한 기술이다.

　과당 기술의 피로감은 오늘날 필수품이 된 스마트폰에서도 마찬가지다. 신제품으로 팔리는 스마트폰은 편리하지만 적용된 기술은 과도하다. 기능은 좋아졌지만, 불필요한 것까지 돈을 더 주고 강매당하는 기분이다. 손 안의 컴퓨터가 된 전화기에서 자주 쓰는 기능은 이제 전체의 절반도 되지 않는다. 새로운 기술이 필요해서가 아니라 기술이 개발됐기에 할 수 없이 구매하도록 강요받는다. 그래도 내가 라디오에서 타협할 수 있는 수준은 매직 아이까지다. 비싼 기술을 대체하면서도 새로운 감각을 일깨우는 감성이 있기 때문이다. 어두운 밤 매직 아이 창에서 펼쳐지는 주파수의 입체 그림은 신비롭다 못해 황홀하다.

Video Killed the Radio Star?

샤프 트라이메이트 5000

'제로 TV'는 TV 수상기가 없거나 TV가 아닌 다른 스마트 기기로 영상 프로그램을 보는 현상을 말한다. 정보통신정책 연구원에 따르면, 2012년 기준으로 우리나라의 제로 TV 가구는 5퍼센트 정도였는데, 빠른 속도로 증가하고 있다. 이 가운데 75퍼센트는 TV를 보유하고도 TV를 보지 않는 것으로 나타났다. 같은 시기 미국에서도 제로 TV 가구가 500만 가구라는 조사 결과가 나왔다. 우리 집도 제로 TV 가구다. 아이들이 초등학교 저학년일 때는 하루 1~2시간씩 TV를 봤다. 결혼 혼수품으로 들인 PDP TV가 고장 나면서 아예 TV를 없애 버렸다. TV에 빼앗긴 시간을 라디오가 채웠고, 가족 간의 대화 시간이 늘었다. TV 방송 기자가 어떻게 TV 없이 살 수 있냐고 흉을 볼 수 있겠지만, 급한 건 스마트폰으로 보고 SNS로 중요한 뉴스를 실시간으로 공유한다.

얼마 전 지인이 코로나19 팬데믹 상황이 라디오를 재발견하는 시간이 됐다는 인터넷 뉴스 기사를 보내 왔다. 연구 결과, 여러 국가에서 라디오 청취율이 크게 증가했다는 것이다. 이유는 두 가지였다. 먼저 라디오는 보편적이고 단순해 접근하기 쉬운 매체여서 '위기에서 빛을 발하는 매체'라는 점이다. 두 번째는 라디오가 심리적 불안감을 완화하는 역할을 한다는 것. 재택근무와 자가 격리, 사회적 거리 두기 등의 고립 상황에서 라디오가 친밀감을 준다는 것이다. 주목할 점은 심리적 불안감을 완화한다는 대목이다. 라디오보다 TV가 우세한 영상의 시대에서 TV는 왜 심리적 불안감을 완화하는 미디어 치료제로 주목받지 못할까?

'비디오 킬드 더 라디오 스타Video Killed the Radio Star' 시대에 라디오는 끝날 줄 알았지만, 〈MBC〉 '지금은 라디오 시대'는 여전히 장수 프로그램이다. 골든 마우스Golden Mouth를 수상한 라디오 스타는 여전히 라디오가 살아 있음을 말해 준다.

나는 라디오가 재발견된 것이 아니라고 생각한다. 라디오는 원래 적응과 변화가 빠른 매체였다. 라디오는 TV와 경쟁하며 절박한 변신을 해야 했다. 1930~1940년대는 라디오 방송의 독무대였다. 1950년대 초반부터 21인치 흑백 브라운관 TV가 본격적으로 보급되자, 몇 년 후 TV 시청자가 급증했다. 컬러 TV까지 등장했다. 1946년에서 1956년까지 10년 만에 미국에서는 라디오 청취 가구가 10분의 1로 급감했다. 2,500만 가구에서 250만 가구로 줄었다. 라디오 방송의 수입도 반 토막이 났다. 60여 년 전 이미 라디오 방송은 위기를 맞았다. 이때 선택한 방법이 '새로운 라디오 청취자'를 찾아내는 것이었다.

라디오 방송국들은 '집에서 배경 음악처럼 편한 친구 같은 방송'을 전략적으로 선택했다. 차트 순위 톱 음악과 뉴스를 병행했다. 라디오 방송의 '매시간 5분 뉴스' 포맷이 이때 만들어졌다. 오늘날에도 이 포맷은 유지되고 있다. 음악 중심의 FM 방송이 활성화된 것도 1960년대부터다. 10대들만을 위한 록 음악 전용 라디오 방송까지 있었다. 친구 같은 라디오 방송이 가능했던 데에는 휴대용 포켓 라디오가 활발하게 생산된 것도 큰 역할을 했다.

뒤늦게 TV 방송이 시작된 우리나라에서도 TV와 라디오, 두 매체 사이에 벌어진 경쟁의 역사를 따랐다. 1980년대 컬러 TV 시대가 열리면서 라디오는 조용히 속삭이는 방송을 선택했다. 라디오 드라마가 인기였고, FM 라디오의 음악 방송은 실핏줄처럼 퍼진 지역 방송국의 송신탑을 타고 퍼졌다. 1960~1970년대 독재 정권 시대에는 라디오 방송이 확성기처럼 크게 울렸다. 독일의 선동 정치를 연상시키는 폭력적 도구였다. 그러던 것이 한국에서도 라디오는 편한 친구가 됐다. 그렇다고 모두의 친구는 아니다. 스트리밍으로 주로 음악을 듣는 최근 상황에서는 라디오 방송국의 선곡이 개인 취향을 맞추기가 더욱 어렵다.

오늘날에도 라디오 방송의 이런 전략은 유효하다. 시간대별로, 방송국별로 청취자를 분명히 구분한다. 출근길에는 뉴스 정보와 활력을 주는 음악 방송, 오전 9시부터는 출근과 관계없는 사람들을 위한 커피 한 잔의 여유 같은 음악과 사연이 전파를 탄다. 점심시간에 맞춘 활기찬 방송, 퇴근길에는 그날의 이슈를 정리한 시사 방송과 일몰 분위기의 잔잔한 음악 방송이 자리 잡았다. 늦은 밤의 라디오 방송은 자신을 돌아볼 수 있는 사색의 시간이다. 얼마 전 자살을 결심한 청취자를 살린 지역 방송의 일화까지, 라디오 방송은 실시간으로 살아 있다. 청취자와 라디오 진행자의 소통은 편지와 엽서에서 전화와 SNS로 바뀌었고, '보이는 라디오'라는 정체불명의 라디오 TV까지 등장했다. 나는 '보이는 라디오'는 라디오의 속성을 무시한 무리수라고 생각한다. 라디오는 배경 음악으로서 편한 친구처럼, 귀만 열어 놓고 행동을 자유롭게 할 수 있는 미디어일 때 가장 라디오답다. 눈을 감아도 귀를 열면 마음이 열린다.

불사조 같은 라디오의 생명력

불안했는지 아니면 미련이 남았는지, 라디오는 1970년대
가 되면서 타협을 선언한다. 라디오와 카세트 플레이어가
결합한 데 이어 이제는 붐 박스에 TV까지 추가된 것이다.
나는 1980년에 제작된 일본 샤프Sharp의 트라이메이트Tri-
Mate 5000 모델을 좋아한다. 말 그대로 세 명의 친구가 결합
한 붐 박스다. 샤프는 세계 최초로 LCD 액정 TV를 선보인
회사답게 이때도 TV에 남다른 애정을 가지고 있었다. 소형
TV에는 브라운관이 사용됐지만, 1980년 붐 박스에는 시계
와 디지털 주파수 숫자가 LCD 창에 표시됐다. 샤프 붐 박
스가 양쪽 스피커 사이에 배치한 음향 매체들은 상상을 초
월한다. 카세트 플레이어와 TV는 그림이 그려지지만, LP는
어떻게 실현했는지 감이 잡히지 않는다. LP 턴테이블이 CD
플레이어처럼 가운데 배치된 VZ-2000 모델을 보면 "내가
졌다." 하고 양손을 들게 된다. 고상하게 듣는 턴테이블 LP
마저 휴대용 대형 붐 박스에 집어넣은 샤프라면 TV쯤은 식
은 죽 먹기다.

　붐 박스에 집약된 음향 기기들은 라디오 수신 기계로서

샤프 트라이메이트 5000.
ⓒ 김형호

생존하기 위한 처절한 몸부림이었다. 카세트와 LP, TV, CD까지 결합한 붐 박스는 스위스제 만능 칼 같다. 큰 스피커에 다기능 음향 기기로 무장했던 붐 박스는 1980년대를 넘어 1990년대에 들어서면서 생산을 중단했다. 좋다는 걸 덕지덕지 붙인 라디오를 지금 와서 보면 애처롭다. 라디오는 'Big is Good'이라며 최후의 발악을 했다. 대세가 TV로 넘어갔을지라도 라디오 방송국은 끊임없이 방송을 송출했다. 먼지에 덮여 방구석 어디에 처박혔던 라디오들은 그렇게 수십 년을 훌쩍 보내고 말았다.

라디오는 우리나라에서 생산되는 스마트폰에 의무적으로 들어갈 정도로 끈질긴 생명력을 가졌다. 칩 몇 개로 만들어진 라디오 수신기는 스마트폰에 묻혀 본래 모습을 알기 어렵다. 비상용으로 구비하는 만능 칼을 표방했던 라디오가 틀렸다는 것이 아니다. 우리는 모든 걸 손바닥 안에 넣는 미디어에 익숙해졌다. 무선 통신이 근간인 스마트폰은 TV와 라디오까지 블랙홀처럼 빨아들였다. 생각해 보면, 무선 통신과 TV, 라디오도 본류는 전파다. 같은 기술로 소리만 보내다가 영상과 소리를 함께 보낸 것이 라디오와 TV의 차이다.

라디오와 TV가 경쟁하던 1960년대 라디오는 온갖 정보가 흘러나오는 곳이었다. 피드백이 그때그때 방송에 반영되고 내 삶에 영향을 주니 귀를 쫑긋 세우고 들을 수밖에 없었다. 그러던 라디오는 슬금슬금 배경 음악으로 밀려났다. 적극적으로 집중하지 않는다. 기껏해야 조용히 귀만 조금 열어 놓는다. 과거 라디오가 수행했던 즉각적인 피드백은 이제 TV뿐만 아니라 뉴미디어 세계에서 활발하게 이뤄지고 있다. 미디어 세상은 뜨겁다 못해 불이 날 정도다.

라디오는 언제나 그렇듯 쿨한 척 하며 위기에서 살아남았다. 물리적 형태의 라디오는 보이지 않지만, 지금도 팟캐스트를 비롯한 각종 청취 프로그램은 라디오 방송의 형태를 띤다. '보이지 않는 라디오'에 귀만 열고 있어도, 눈이 뜨이고 저절로 콧노래를 부르게 된다. 작금의 라디오는 쿨해 보이지만 핫한 본질을 숨길 수 없다. 시대의 변화에 따라 뒤로 물러나야 했지만, 실은 여전히 생명력을 잃지 않았다. 그리고 지금도 라디오는 카멜레온처럼 변신 중이다.

'국민 라디오'의 배신

지멘스 VE301

'국민'이란 단어가 수식어로 붙으면 믿음직스럽고 좋아 보인다. 국민과 결합한 명사는 권위와 대표성도 가진다. 인권과 기업, 하다못해 배우라는 단어에 국민이 붙으면 대단한 인정을 받는 느낌이다. 한편 전쟁이나 국가 대항 스포츠 경기처럼 편을 나눠 싸우는 일에서는 국민이 곧 국가이고, 국가가 곧 국민이다. 역사적으로 '국민 라디오'라고 불렸던 라디오들 역시 이런 이중성에서 자유롭지 못했다. 국민 모두가 사용한다는 보편성과 국가가 전달하는 방송을 듣는 매체라는 점에서다.

'국민 라디오'는 1933년 독일에서 처음 등장했다. 1933년에 집권한 나치 정권은 집권 시점인 1월 30일의 '301'과 국민 라디오Volks Empfänger, 폴크스 엠팡저의 약자 'VE'를 따서 VE301이란 라디오를 만들었다. 라디오 제조는 지멘스가 맡았고, 텔레푼켄의 진공관을 사용했다.

VE301은 당시 독일 직장인 2주치 평균 급여로 살 수 있을 정도로 저렴해 제2차 세계대전이 일어나기 전까지 700만 대가 보급됐다. 당시 독일 가정의 70퍼센트가 국민 라디오를 가지고 있었다. 나치 시대에 국민이란 이름이 붙은 이 라디오를 사지 않는 건 국가에 대한 배신이었다. 저렴한 가격을 고려했을 때 수신률은 그럭저럭 쓸 만했지만, 정부의 방송만 들을 수 있었다.

독일의 국민 라디오 프로젝트는 '히틀러의 입'이라고 불렸던 요제프 괴벨스가 주도했다. VE301 라디오는 '괴벨스의 주둥이Goebbels Shnauze'라는 별명을 얻었다. 괴벨스가 이 라디오를 어떻게 이용했는지 짐작할 수 있는 별명이다.

국민 라디오가 만들어진 목적은 나치 독일이 1937년에 제작한 애니메이션 '미거스하우젠의 전투Die Schlacht um Miggershausen'에서 적나라하게 드러난다. 12분 30초 분량의 이 애니메이션은 우유, 달걀, 버터 등의 품질이 떨어지는 미거스하우젠 마을이 VE301 덕분에 프로헨하우젠Frohenhausen, 즉 '행복한 마을'이 된다는 이야기다. VE301을 의인화한 라디오 군대가 마을로 진군하는 장면이 인상적

위─ 1938년 '국민 라디오'를 살펴보고 있는 요제프 괴벨스. ⓒ Getty Images

아래─ 1937년 나치가 제작한 애니메이션 '미거스하우젠의 전투'의 한 장면.
VE301 군대가 마을로 진군하고 있다.

이다. 마을을 점령한 라디오 군대는 마을 주민들을 계몽한다.

이 애니메이션처럼 독일의 국민 라디오는 국민들을 계몽한 다고 했지만 실상은 국민의 눈과 귀를 멀게 했다. 그렇지 않고 서야 독일 국민들이 전 세계를 폭력과 광기로 몰아넣은 총력 전에 어떻게 동조했겠는가. 뉘른베르크 국제 군사 재판에서 도 국민 라디오의 위험성을 언급하는 증언이 있었다. 히틀러 의 수석 건축가이자 군수 장관이었던 알베르트 슈페어Albert Speer는 국민 라디오가 라디오 그 이상이었다고 고백했다.

"라디오와 확성기 같은 기술적 장치가 8,000만 독일인의 독립 적인 사고 능력을 빼앗았다."

독일 베를린 박물관에 전시된 VE301 국민 라디오 아래에 는 독재 권력의 언론 장악 역사를 보여 주는 이런 문구가 있다.

"모든 커뮤니케이션 도구가 나치를 전달하는 데 사용됐다. 저 렴한 국민 수신기는 전체주의를 위해 사용됐다."

독재 정권의 확성기가 된 국민 라디오

얼마 전 나는 독일 현지에 있는 VE301을 어렵게 구입했다.

독일 국민 라디오 VE301.
ⓒ 김형호

현지 판매자가 한국까지 배송을 못해 주겠다고 해서 평소 라디오를 거래하는 독일에 거주하고 있는 한국인에게 도움을 받았다. 국민 라디오 VE301은 독일 내에서 한 차례 이동한 후, 한국으로 배송됐다. 택배 박스에 담긴 라디오는 80여 년의 세월이 무색할 정도로 온전했다. 케이스는 갈색 유광으로 빛났다. 뒷면 커버에는 제조사 지멘스Siemens 이름이 선명했다.

필드 스피커가 라디오의 절반 크기다. 아래에는 간단한 튜너 장치와 로마 시대 암포라*처럼 생긴 진공관 3개가 나란히 서 있다. 앞면에는 나치 선전 애니메이션의 주인공 얼굴이 연상되는 패브릭 스피커 그릴이 중심을 잡는다. 그 밑에 주파수 채널 숫자가 배치된다. 가장 아래에는 전원과 볼륨, 주파수를 조정하는 손잡이 3개가 가지런히 줄을 맞췄다. 동아줄처럼 꼬인 코드 전선을 당장 콘센트에 꽂아도 라디오가 작동될 것만 같다. 입찰로 매물을 올린 판매자는 라디오가 작동된다고 독일어로 적었지만, 거의 90년 전 물건이 온전히 작동하리라 기대하는 건 욕심이다. 내부 부품이 온전하니 전문가에게 수리를 맡긴다면 라디오 방송을 잡을 수 있을 것이다.

---

* 고대 유럽의 도자기로서 손잡이가 두 개 달렸다.

원조 국민 라디오를 보고 있으면, 우리나라의 국민 라디오 시대를 생각해 보게 된다. 전쟁 준비로 국민을 선동하는 데 빛을 발했던 국민 라디오는 우리나라에서는 독재 정권 시대에 도입됐다. 박정희 정권은 집권 초기 농어촌 지역에 라디오 보내기 운동을 벌였다. 공무원들의 월급까지 갹출해 라디오를 보급했다. 통치 이념이 제대로 전달되지 않는 농어촌 지역을 중앙 방송으로 계몽하겠다는 의도였다. 나치의 선전 영화 '미거스하우젠의 전투'의 복사판이었다. 국민 라디오는 계몽이란 명분으로 여론을 통제했다. 무료로 라디오를 나눠 주는 것처럼 선심을 썼지만, 라디오는 정부 방침을 국민들에게 효과적으로 전달하는 선전용 확성기였다.

우리는 국민 라디오에서 대통령에게 라디오 마이크를 빼앗긴 슬픈 역사도 가지고 있다. 미국 대공황 시대 루스벨트 대통령의 노변정담爐邊情談을 흉내 낸 대통령의 확성기 방송은 희망을 전달하는 게 아니라 일방적으로 훈화하기만 했다. 마이크는 다시 국민에게 돌아왔지만, 방송 정책에서 통제를 받는 미디어들은 정부의 입김에서 자유로울 수 없다. 이제는 권력, 자본과 결탁한 뉴미디어까지 나타났다. 여론을 왜곡하고, 가짜 뉴스가 진실을 가린다. 한낱 라디오가 뭘할 수 있느냐고 남의 얘기처럼 말하기 어려운 이유다.

—

왜 라디오에 전쟁의 옷을 입히는가

ICF-5800

러일 전쟁은 무선 통신 기술이 격돌한 최초의 전쟁이다. 러시아가 점령한 중국의 뤼순항을 일본이 공격하면서 20세기 초 한반도는 열강들의 전쟁터가 됐다. 무선 통신 기술은 일본이 승기를 잡던 시기인 전쟁 막바지에 등장했다. 러시아는 1905년 육지 전투의 패배를 만회하고자 발틱 함대를 대한해협으로 이동시켰다. 5월 27일과 28일 벌어진 동해해전 東海海戰은 러시아로서는 물러설 수 없는 전투였다. 개빈 웨이트먼은 《마르코니의 매직박스》에서 당시 전투를 이렇게 묘사한다.

"로제스트벤스키Rozhestvensky 제독이 이끄는 발틱 함대는 59척의 전함이 편대를 이뤄 블라디보스토크 극동 함대로 이동했다. 순양함 우랄호는 700마일 범위를 소통할 수 있는 포포프와 뒤크레테 무선 통신 시스템을 갖추고 있었다. 일본 해군은 마르코니가 1897년 이탈리아 라 스페치아La Spezia에서 선보였던 것을 모방한 통신 범위 6마일의 무선 전신기를 사용했다. 해상 전투는 1905년 5월 28일 안개 낀 아침에 벌어졌다. 러시아 함대는 바로 뒤에 따라붙은 일본 순양함을 발견하고도 발포하지 않았다. 이 발포로 자기들의 위치가 노출될 것을 우려했다. 반대로 일본 함대는 무선 통신을 이용해 러시아 함대의 정확한 항로를 공유했다. 일본군 함장 도고 헤이하치로 제독의 명령으로 일본 함대의 선제공격이 시작됐다. 동해해전에서 59척의 러시아 함대 가운데 3척만 살아남아 블라디보스토크에 도달할 수 있었다."

해상 전투에서 일본이 승리하면서 일본 해군이 사용한 마르코니의 무선 전신 시스템의 명성도 높아졌다. 이후 무선 전신기는 해군과 대양을 횡단하는 해상 여객선에서 꼭 필요한 통신 기기로 자리 잡는다. 당시 일본 해군은 마르코니의 기계를 모방한 무선 통신기를 가지고 있었다. 물리학자였던 포포프 교수의 무선 통신 기술을 보유한 러시아는 일본보다 송수신 거리가 넓은 무선 통신기를 사용했다. 러시아

해군은 성능 좋은 무선 통신기를 가지고도 동해해전에서 대패했다. 일본은 러일전쟁 승리로 한반도 지배권을 확립하고 만주로 진출하는 발판을 마련했다. 조선은 일본의 식민지가 됐고, 일본 군국주의는 제2차 세계대전까지 거침없이 확장했다.

라디오는 무전기와 관계가 깊다. 무전기는 전파를 보내고 받을 수 있지만, 라디오 방송국은 전파를 보내는 데에 특화됐다. 전쟁에서 무선 통신은 주로 무전기 형태로 나타났지만, 라디오의 역할도 중요했다. 무전기는 전장戰場의 상황을 알려 주는 쌍방향 통신 기기다. 라디오는 한 방향으로 음악과 정보를 송출한다.

두 차례의 세계 대전과 한국 전쟁, 그리고 베트남 전쟁에서 라디오는 중요한 조연이었다. 무선 통신 기술을 이용한 라디오 방송은 전쟁터의 군인을 위로하고, 용기를 주는 마법을 부렸다. 20년 동안 지속된 베트남 전쟁에서 라디오는 이역만리까지 와서 싸우는 연합군 군인들의 향수를 달랬다. 미국과 유럽에서 쏘아 보낸 단파 방송은 베트남까지 닿았다. 냉전 시대 라디오 방송은 미군이 주둔했던 한국과 독일, 일본 등에서 미군 방송AFN과 연결됐다. 해외에 파병된 미군은 라디오 방송으로 본토와 연결됐고, 해당 국가는 미국 문물과 영어를 접할 수 있었다.

군인을 위한 라디오 방송은 우리나라에서 〈국군방송〉의 형태로 자리 잡았다. 초창기 〈KBS〉와 〈MBC〉에서 하루 1~2시간 방송하던 〈국군방송〉 라디오는 현재는 국방홍보원이 직접 운영한다. 군인이 많이 주둔하는 접경 지역과 강원도에서는 일반인들도 쉽게 들을 수 있다. 〈국군방송〉은 적군에게는 체제의 우월성을 알리고, 아군에게는 정신 교육과 심리적 위로를 한다. 취침 전에 하던 정훈 교육은 지금도 군인들이 잠자리에 들 시간에 라디오 방송으로 짧게 나온다. 위인의 명언을 들려주거나 가슴 따뜻한 일화 등을 소개하며 군인들의 심리적 안정을 이끈다. 중간중간 부모님과 군인들의 음성 편지도 나온다. 부모들은 군복무 중인 자식을 향한 그리움을 달래고, 자식들은 부모님의 걱정을 덜어준다.

베트남전 용사의 진짜 밀리터리 라디오

라디오 세계에서 한때 밀리터리 스타일이 유행했던 시기가 있었다. 2016년에 소니 70년사를 한자리에 보여 주는 전시회, 'It's a Sony'전에서 히라이 가즈오 회장은 ICF-5800 라디오를 들고 나타났다. 1970년대 생산된 밀리터리 스타일의 라디오였다. 그에게 이 제품은 중학교 때 용돈을 모아 샀던,

소니 ICF-5800.
©Getty Images

소중한 추억이 있는, 가장 좋아했던 소니 제품 중 하나였다.

스카이센서 시리즈의 단파 라디오 일종이었던 5800 모델은 '캡틴 77'이란 애칭을 가지고 있다. 세로로 주요 기능을 배치한 수직 계열의 디자인은 군대 무전기를 연상시킨다. 감쪽같이 숨어 있다가 단추를 누르면 튀어나오는 안테나는 소니 밀리터리 라디오의 트레이드마크다. 당시 발매 가격은 2만 800엔, 오늘날 가치로 환산해도 100만 원이 넘는다. 주파수 밴드는 FM과 AM을 비롯해 단파 1·2·3 등 5개로 구성됐다. 전 세계 라디오 방송을 수신할 수 있었다. ICF-5800은 ICF-5500과 ICF-5900과 같은 ICF 시리즈의 주인공이었다. 다른 모델들은 심플한 디자인과 사용자 편의성에서 5800을 따라오지 못했다.

소니의 캡틴 77은 전쟁을 연상시키는 물건이다. 군 복무를 마친 대한민국 남자에게는 작전 중에 무전병이 매고 다녔던 P-77 무전기가 떠오른다. 나는 처음에는 이 라디오에 매력을 느꼈다. 아담하면서도 강한 느낌이 좋았다. 하지만 어느 순간부터 자꾸 볼수록 전쟁이 떠올랐다. 야전 훈련장의 한 장면이 눈앞에 어른거렸다.

밀리터리 스타일은 전쟁이 현실과 얼마나 가까이 있느냐에 따라 성공 여부가 갈린다. 그런 점에서 우리나라는 좋은(?) 토대를 갖고 있다. 1970년대 우리나라는 베트남 전쟁과 냉전, 군부 독재로 인해 병영 문화가 일상생활에 녹아들었다. 의무 복무 제도를 시행하는 까닭에 우리나라의 남자와 부모 들은 군복만 봐도 향수와 연민을 느낀다. 그래서일까. 만능 칼로 유명한 스위스 제품은 '밀리터리'란 브랜드로 우리의 주방까지 침투했다. 전투기 파일럿의 필수품으로 유명한 선글라스 브랜드는 어떤가. 밀리터리 룩은 패션 스타일의 한 분야로 자리 잡았다. 군용 제품은 열악하고 특수한 상황에서 견딜 수 있게 만들어진다. 잔고장이 없고, 내구성이 좋다 보니 일상생활에서도 사용하기 편리하다. 군용, 밀리터리 스타일은 견고함의 대명사다.

그런데 실제 베트남 전쟁에 참전했던 군인의 라디오를 보고는 한때 밀리터리 스타일을 좋아했던 내 자신이 한없이 부끄러웠다. 호주에서 구입한 '나쇼날 파나소닉 T-100'에는 이런 글씨가 새겨져 있었다. 'Melberzs Vietnam 1966-1967'. 멜버즈라는 군인이 1966년부터 1967년까지 베트남에서 사용했다는 뜻이다. 이때는 연합군이 결성되고 한국군도 파병됐던 시기다. 라디오의 뒷면은 열에 녹았는지 흐물흐물한 상태로 굳었다. 아직도 전장의 화약 냄새가 나는 듯했다. 전체적인 형태는 온전한데 작동은 되지 않았다. 베트남 파병 군인처럼 명예로운 대접은 받지 못한 채 고물로 팔려 버렸다.

베트남전 참전 용사가 사용했던 나쇼날 파나소닉 T-100 라디오.
ⓒ김형호

AM과 3개 대역의 단파 주파수로 이뤄진 라디오는 '월드 와이드'라는 이름답게 베트남에서도 영어권 방송을 들을 수 있었다. 언제 죽을지 모르는 전쟁터에서 라디오에서 나오는 노래와 말소리는 작지만 큰 위안이었을 것이다. 하지만 밀리터리 스타일로는 전장에서 목숨을 내놓았던 군인의 심정을 헤아릴 수 없다. 진짜 전쟁을 겪은 밀리터리 라디오가 '스타일'을 입은 가짜와 비교 대상이 되는 것은 격에 맞지 않다.

전쟁을 겪은 부모 세대와 지금도 지구촌 어디에서 전쟁으로 고통을 받는 사람에게 군복은 그 자체가 폭력이다. 누군가에게 멋있어 보일 수 있는 밀리터리 스타일 라디오는 다른 누구에게는 전쟁의 상흔을 불러일으킬지 모른다. 지금도 일본의 욱일기와 나치의 하켄크로이츠가 불편한 이유다. 욱일 승천기를 변형한 디자인은 일본에게 지배당하고 침략당한 동아시아 국가들에게는 고통의 표식이다. 나치의 철십자 문양은 제2차 세계대전 어디쯤으로 시간을 되돌린 것만 같다.

전쟁으로 발전한 라디오 기술이 커뮤니케이션이 아닌 무력의 이미지로 남는 건 그래서 안타깝다. 누가 왜 아직도 일상에 전쟁의 옷을 입히는가. 밀리터리 스타일을 철없는 아이들의 장난쯤으로 무시할 수 있는 평화로운 세상을 꿈꾼다.

이탈리아의 굴리엘모 마르코니가 영국에서 무선 통신 기술 상업
화에 성공한 이후, 유럽의 제국주의 국가들은 무선 통신 기술을 보
유하게 된다. 독일은 전자기파의 존재를 실증해 낸 물리학자 '하인
리히 헤르츠'의 국가다. 헤르츠Hertz는 주파수의 단위이기도 하다.
마르코니가 영국에서 무선 통신 사업을 시작할 때, 독일은 국가

굴리엘모 마르코니. ⓒGetty Images

차원에서 빌헬름 2세 황제가 영국보다 먼저 무선 통신 기술을 발전시킬 것을 지시한다. 마르코니의 영불 해협 무선 통신 실험에 참여했던 슬라비 Adolf H. Slaby 교수를 주축으로 독일 군대에서 사용할 수 있는 무선 전신 시스템을 개발한다.

프랑스에서는 발명가 뒤크레테 Eugène Adrien Ducretet가 1898년 파리 에펠탑에서 4킬로미터 떨어진 팡테옹까지 무선 전신 실험을 성공한다. 러시아의 포포프 Alexander Stepanovich Popov 교수와 프랑스의 발명가 뒤크레테는 무선 전신 합작 회사를 세웠다. 프랑스는 뒤크레테-톰슨 회사가 초창기에 라디오를 생산했고, 러시아도 이런 무선 전신 기술에 힘입어 라디오를 생산했다.

미국은 발명가이자 사업가였던 에디슨을 비롯해, 라디오의 아버지로 진공관을 발명한 드 포레스트 Lee De Forest, 최초로 라디오 방송에 성공한 페센든 Reginald Fessenden, FM 주파수 기술을 최초로 개발한 암스트롱 Edwin H. Armstrong까지 라디오 무선 기술의 역사에서 주도적 위치에 있었다.

테슬라 Nikola Tesla는 라디오 방송의 원조 기술인 무선 전신 특허를 놓고 죽을 때까지 마르코니와 싸웠다. 테슬라가 무선 전신을 최초로 선보인 건 1893년으로 마르코니보다 2년 앞선다. 마르코니는 1896년 영국에서 최초로 무선 전신 특허를 냈다. 테슬라는 1897년 미국에서 무선 전신 특허를 신청했고, 1900년 특허가 등록됐다. 마르코니의 미국 특허는 처음에는 테슬라 특허와 유사하다는 이유로 거절당한다. 하지만 마르코니의 회사가 번창하면서 1904년 미국 특허청은 마르코니에게 라디오 발명에 대한 특허권을 준다. 미국 연방 법원은 1943년에야 테슬라의 라디오 특허 번호 645,576을 최초의 라디오 발명이라고 다시 인정했다. 테슬라는 이런 판결이 나기 몇 달 전인 1943년 1월 7일 사망했다. 최초의 무선 전신 발명가가 테슬라냐 마르코니냐 하는 논쟁은 계속되고 있다.

세상의 종말을 대비한 라디오

실베이니아 U-235

크리스 월리스와 미치 와이스가 쓴 《카운트다운 1945》는 지구에서 처음이자 마지막으로 사용된 원자 폭탄의 연구 개발과 투하까지의 과정을 다룬 논픽션이다. 미국의 루스벨트 대통령이 갑자기 사망해 대통령직을 승계한 해리 트루먼 대통령이 일본에 원자 폭탄을 투하하기까지 116일 동안의 비화를 다뤘다.

전쟁을 끝내기 위해 많은 희생을 감수하며 일본 본토로 쳐들어 갈 것이냐, 아니면 일본에게 강력한 무력 시위를 하며 무조건 항복을 받아낼 것이냐, 미국은 선택의 기로에 있었다. 원자 폭탄이 터지면 전쟁을 수행하는 군인뿐만 아니라 민간인까지 무차별적으로 위험에 노출된다. 이 때문에 개발에 참여했던 핵물리학자들마저 민간인의 희생을 우려해 사용을 반대했다.

미국은 한 차례 실험을 거친 후, 히로시마와 나가사키에 '리틀보이'와 '팻맨'이라는 이름을 붙인 폭탄을 투하했다. 원자 폭탄의 위력을 실감한 일본은 결국 항복했고, 제2차 세계대전은 마무리됐다. 원자 폭탄이 보여 준 압도적인 위력은 세계를 자극했다. 소련을 비롯한 열강들은 핵무기 개발과 핵무장에 박차를 가한다. 세상을 몇 번이고 멸망시킬 만한 무기가 쌓이자 이제 세계는 핵전쟁의 공포에 떨어야 했다.

이런 공포는 실베이니아Sylvania의 U-235 모델이란 특이한 라디오를 탄생시켰다. 'U-235'는 핵무기의 원료인 우라늄 235를 의미한다. 라디오에 핵폭탄의 재료인 우라늄이라도 들어간 걸까. 1956년부터 1960년까지 생산된 이 라디오는 '프로스펙터Prospector, 탐사자'라는 애칭으로 불렸다. AM 라디오 방송을 수신할 수 있고, 가이거Geiger 방사능 측정기가 부착돼 있다. 부가 장치로 해시계와 나침반 등도 있다. 원시 시대로의 복귀, 다시 말해 인류 멸망을 대비하는 듯하다. U-235 라디오는 적의 공습에 관한 방송을 듣다가 핵 공격을 받아 도시가 파괴됐을 때 방공호에서 나와 시간과 방향을 확인한 다음, 방사능 수치를 측정하는 용도로 제작됐다. 방사능 측정 결과는 라디오 상단의 네온 불빛으로 나타난다.

실베이니아 U-235.
ⓒ Museum of Radiation and Radioactivity

실베이니아는 1947년부터 휴대용 방사능 측정기를 생산했던 회사다. 따라서 방사능 검출 능력은 어느 정도 신뢰할 수 있었을 것으로 추정된다. 비상 상황에서는 특보 방송 주파수를 맞출 수 있게 돼 있었다. 발매 당시 가격은 64.95달러, 현재 가치로는 60~70만 원 정도다. 이 라디오는 정말 잘 팔렸을까. 이 라디오를 산 사람들은 정말 핵전쟁이 일어날 거라고 믿었을까.

아무도 바라지 않는 실베이니아 U-235의 귀환

나에게 원자력 발전소는 남의 일이 아니다. 고향인 강원도의 작은 어촌 마을은 어린 시절 핵 발전소 건설 예정 구역이었다. 고향 주민들은 수십 년간 반핵 투쟁을 하며 1998년 원전 예정 구역 해제를 이끌어 냈다. 2000년대 들어서는 핵폐기물 처리장 건설 계획이 유령처럼 떠돌았다. 고향 옆 동네가 다시 핵 발전소 예정지로 고시됐다. 두 번째 반핵 투쟁이 벌어졌을 때 나는 지역 방송국의 기자로 근무하고 있었다. 원전 건설을 반대하는 사람과 찬성하는 사람 모두 동네 이웃이었다.

2011년 나는 전국의 원자력 발전소 가동 지역을 취재해 보도했다. 원전이 들어서면 정말 지역 발전이 될까? 안전할까? 전남 영광에서 수십 년간 반핵 운동을 해 오던 분을 만나고 황폐한 지역을 보면서 불길한 예감이 들었다. 신규 원전 건설이 예정된 신고리 지역은 갈등을 겪고 있었다.

경북 울진군의 원자력 발전소 때문에 인근 지역인 삼척에서는 오래전부터 원전에 대한 담론이 있어 왔다. 1988년부터 원자력 발전소가 가동되고 있는 울진은 새로 짓고 있는 대규모 원전 2기를 포함해, 모두 8기의 원자력 발전소가 운영될 메가 발전 지역이다. 1962년 강원도에서 경상북도로 이관되기 전까지 현재 원전이 가동되고 있는 울진 지역은 삼척이었다. 정서적으로는 가깝지만 거리를 두고 원전을 보다 보니 막연한 방사능 불안감이 생겼다. 과거에는 원자력 발전소의 사고 소식마저 제대로 알려지지 않았다. 소문으로 어디서 원전 사고가 났다고 하면 가슴이 철렁 내려앉았다. 불편하게 쌓인 감정은 삼척 지역이 다시 원전 예정 구역으로 고시되면서 갈등으로 번졌다. 건설 구역에 땅이나 집이 편입되는 사람과 그렇지 않은 사람들은 희비가 엇갈렸다. 청정한 지역 이미지가 훼손되는 건 당장 겪을 피해다. 언제 어떻게 유출될지 모를 방사능은 미래의 위협이다.

이런 불안과 공포는 2011년 일본 후쿠시마 원전 사고로 가시화됐다. 연료봉이 녹아 내려 원자로의 내부 격납 용기가 노출되는 '멜트다운meltdown'은 상상조차 해선 안 될 최

1998년 12월 정부가 발표한 덕산 원전 건설 계획 백지화를 기념해
1999년 11월 28일에 세운 원전백지화기념탑.
ⓒ 김형호

악의 사고였다. 대기와 물, 토양이 방사능에 오염됐다. 후쿠시마 원전 주변 지역은 지금도 사람이 살기 어렵다. 후쿠시마 사고 초기 우리나라에서는 수산물과 농산물의 방사능 오염도를 검사했다. 정부를 믿지 못하겠다며 비싼 측정기를 직접 구입하는 사람도 있었다. 지금도 정부 차원에서 정기적으로 우리나라 해역에서 잡히는 수산물의 방사능 검사를 한다. 일본 정부가 방사성 오염수를 해양에 방류하겠다고 밝히면서 일본과 해양으로 연결된 우리나라에는 발등에 불이 떨어졌다. 오염수를 희석해서 방출하겠다고 하지만, 수산물에 축적되는 방사성 물질이 사람에게 좋을 리가 없다. 방사성 오염수의 해양 방류가 현실화되면 방사능 측정기가 정말 필요할지 모른다. 스마트폰과 결합한 가이거Geiger 계수기가 히트 상품이 될지도 모른다.

오늘날에는 후쿠시마 원전 사고에도 핵에 대한 공포는 희석된 것 같다. 과거에는 사용하는 용어가 그 사람의 입장을 대변했다. 핵 발전소에 찬성하는 이들은 '원자력 발전소'라고 불렀고 반대론자들은 '핵 발전소'라는 말을 사용했다. 그런데 이제는 '반핵'이니 '찬핵'이니 따지는 게 나이 들어 보이고, 꼰대처럼 보인다.

그럼에도 불구하고 핵에 대한 공포는 여전히 살아 있다. 정권이 바뀌고 정부의 에너지 정책 기조가 친환경으로 선회

하면서 강원도 삼척과 경상북도 영덕은 신규 원전 예정 구역에서 해제됐지만, 바로 이웃인 북한은 사실상 핵무기 보유국이다. 세계 곳곳에서 여전히 가동 중인 원자력 발전소에서 체르노빌과 후쿠시마 같은 사고가 없으리라고는 누구도 보장할 수 없다. 공포감을 주술呪術적 상술로 이용했다고 웃어넘겼던 60여 년 전의 U-235 라디오가 귀환하지 않기를 바랄 뿐이다.

'저항의 상징' 붐 박스의 부활

빅터 RC-550

그를 만난 건 2019년 가을, 호주 브리즈번의 마운틴 구라바트Mt. Gravatte 야시장이었다. 비트박스에 박자를 맞추며 기타를 치고 노래하는 모습이 인상적이었다. 언제 한번 이 친구와 붐 박스 공연을 했으면 하는 생각을 했다. 라디오 수집 동반자인 마크 형은 적극적으로 가수의 공연을 스마트폰으로 찍었고, 급기야 이름까지 알아냈다. '더 리리칼The Lyrical'의 리더 칼 스미스. 솔로몬 제도 출신인 그는 고향에 대한 남다른 애정으로 노래하는 뮤지션이다. 음반까지 낸 호주 브리즈번에서는 나름 유명한 가수다. '도미노스Dominoes', '나는 힙합을 믿는다I believe in Hip-Hop' 등 저항의 메시지를 담아 노래한다. 그날 야시장에서 들었던 노래 제목은 '나는 힙합을

'더 리리칼'의 리더 칼 스미스.
그가 손에 쥔 기타 옆에 가로로 놓여 있는 붐 박스가
빅터 RC-550이다.
ⓒ칼 스미스

믿는다'였고, 이 노래는 이듬해 그와 마크 형이 붐 박스를 가지고 만나는 연결 고리가 됐다.

2020년 5월 코로나19로 세계가 패닉에 빠져 있을 때, 호주의 한 창고는 공연장으로 변신했다. 칼 스미스는 외부 활동 없이 집에서 페이스북 라이브 공연을 하고 있었다. 마크 형은 칼에게 전화를 걸어 붐 박스를 들고 갈 테니 당신 집에서 공연을 하자고 제안했고, 그는 쿨하게 수락했다.

붐 박스 30개 정도가 칼의 집으로 달려갔다. '라이온 킹' 포스터가 제일 위쪽에 붙어 있는 창고는 그렇게 붐 박스 무대가 됐다. 일명 개라지Garage 공연. 한국에 있는 나는 전화로 쉴 새 없이 촬영과 붐 박스 배치를 어떻게 할지 마크 형과 의논했다. 스마트폰과 아이패드 미니, 고프로 등 소형 카메라 3대를 준비해 간 마크 형은 나중에 2~3시간 분량의 촬영 화면을 보내 왔다.

칼 스미스는 빅터Victor RC-550 붐 박스를 기타의 앰프 스피커로 사용하며 열 곡 넘는 노래를 불렀다. 창고 공연장은 1인 관객과 뮤지션이 마음과 마음으로 소통하는 공간이었다. 노래와 노래 사이에는 인터뷰가 이어졌고, 한 곡 한 곡을 부를 때마다 칼은 감격에 겨워 울먹였다. 그깟 붐 박스가 뭐라고, 호주 청년은 감정에 북받쳐 노래했다.

붐 박스는 나와 마크 형이 주력으로 수집하는 물건이다. 언젠가 붐 박스 수백 개를 가지고 있는 외국 수집가들을 인터넷으로 본 적이 있는데, '우리나라는 왜 이런 문화를 갖지 못할까' 하는 아쉬움에서 수집을 시작했다. 붐 박스는 1980년대 대중문화에서 저항의 상징으로 여겨진다. 건전지가 10~15개가량 들어간다. 젊은이들은 카세트테이프를 넣고 좋아하는 음악을 최대한 크게 틀었다. 이들이 길거리에 모이는 구심점이 되다 보니 기성세대는 싫어했다. 젊은이들은 힙합이나 디스코 음악에 맞춰 춤을 추고 놀 때 붐 박스를 사용했다.

붐 박스와 관련한 대표적인 영화가 스파이크 리 감독이 1989년에 제작한 '똑바로 살아라Do the Right Thing'다. 영화에서는 눈길을 끄는 인물은 단연 라디오 라힘Raheem이다. 라디오 라힘은 '슈퍼 점보 J-1' 모델의 붐 박스를 항상 들고 다닌다. 어느 날 이탈리아인이 운영하는 피자 가게 안에서 붐 박스 음악 소리를 줄이지 않는다며 말싸움을 벌이다가 일이 터진다. 가게 주인이 야구 방망이로 라디오 라힘의 붐 박스를 박살내 버린 것이다. 평소 이 가게에 불만이 있던 흑인들까지 가세해 가게를 공격하는데, 이 과정에서 라디오 라힘은 출동한 경찰과 몸싸움을 하다 결국 죽는다.

LA 폭동이나 인종 차별 같은 여러 갈등이 떠오르는 이 영화는 '파이트 더 파워Fight the Power'를 주제 음악으로 사용했다. 힙합 스타일의 노래는 억압에 일어서려는 약자들에게

스파이크 리 감독의 '똑바로 살아라'.
'라디오 라힘'이 들고 다니는 붐 박스가 '슈퍼 점보 J-1' 모델이다.

용기를 주는 가사와 흥겨운 리듬으로 이뤄져 있다. '흑인의 생명도 중요하다Black Lives matter'가 2020년의 최고 이슈 중 하나였던 것을 보면, 영화 '똑바로 살아라'의 부조리한 현실은 조금도 바뀌지 않았다. 이것이 저항의 상징인 붐 박스를 다시 소환해야 하는 이유인지 모른다.

1980년대 해방구의 목소리, 붐 박스

붐 박스는 카세트테이프 플레이어와 기형적으로 큰 스피커를 가진 휴대용 복합 음향 기기다. 1966년 네덜란드 필립스의 노렐코Norelco 22RL962 모델을 붐 박스의 시작으로 본다. '라디오 녹음기'라고 불리는 필립스의 붐 박스는 상단에 카세트테이프가 들어가고 마이크까지 연결할 수 있었다. 붐 박스는 지역과 계층에 따라 다른 이름으로 불린다. 붐 박스를 주로 사용했던 흑인과 히스패닉을 얕잡아 부르는 '게토 블래스터Ghetto Blaster', 구식 또는 이전 시대의 전통 형식을 뜻하는 '올드 스쿨Old School'이 그것이다. 우리나라에서는 '야전 전축'으로 불렸다. 붐 박스는 문화적인 아이콘으로 익숙하지만, 앞서 말했듯이 복합 음향 기기를 의미하는 물건이었다. 실제로 붐 박스라는 표현은 1920년대에 등장하는데, 외부 스피커가 결합한 '큰 소리 상자'를 뜻했다.

1922년 미국 국가표준원National Bureau of Standards 기술자들이 '라디오 여행 가방Radio Valise'이라 불리는 라디오를 만들었다. '노래하는 여행 가방Singing Valise'이라고도 했던 라디오는 자체 건전지와 나팔 모양의 혼 스피커가 코끼리 코처럼 연결됐다. 최초의 붐 박스는 현재 미국 스미소니언 박물관에 보관 중이다.

21세기에 붐 박스는 어떤 존재일까? 여러 스피커를 결합한 가방 형태의 음향 기기로 붐 박스가 만들어지고 있다. 여행용 트렁크 가방부터 기타 케이스까지, 스피커를 설치하기 좋은 물건이면 어느 것이든 가능하다. 블루투스 기능을 추가해 스마트폰의 음악을 무선으로 연결해 듣기도 한다. 100여 년 전 붐 박스 개념이 처음 등장했을 때의 본질에 충실하다.

1980년대 문화 아이콘으로서도 붐 박스는 다시 기지개를 켜고 있다. 2005년 마돈나는 라이브 콘서트 무대에서 노래 '형업Hung Up'을 부르며 '디스코 라이트Disco Lite' 붐 박스를 선보였다. 뮤직비디오에서 소품으로 쓰인 '디스코 라이트'는 사이키 조명이 압권이다. 소리에 따라 4개의 우퍼 스피커에 조명이 들어온다. 스피커 주변에는 작은 전구 크기의 불빛이 켜져, 이름처럼 디스코 나이트클럽 분위기를 연출한다. 마돈나는 라이브 공연에서 무대 가운데 수직 리

노래하는 여행 가방, 붐 박스는 소리 상자 개념이었다.

프트로 붐 박스를 끌어올려 원색적인 춤을 췄다. 디스코 여왕답다. 디스코 라이트 붐 박스는 2008년 레이디 가가의 '저스트 댄스Just Dance' 뮤직비디오 소품으로 다시 소환된다. 레트로 감성을 자극하는 붐 박스 소품은 '마마무 화사'의 화보 사진에도 등장했다. 실버와 메탈 느낌의 붐 박스는 골드스타 TSR-581로 추정된다.

오늘날 붐 박스의 부활은 반가운 일이지만, 아우라만 빌려온 듯해 아쉽다. 1980년대 세상을 향해 소리치다 못해 몸짓으로 보여 줬던 도구가 붐 박스였다. 40년가량 이어진 냉전 체제는 이데올로기로 사회를 구속했다. 기득권이 정한 룰과 억압 속에서 자신을 표현할 방법은 허공에 대고 소리치는 것뿐이었다. 혼자의 읊조림도 뭉치면 하나의 목소리가 된다. 집회의 구호나 시위대의 깃발보다, 춤과 노래는 부드러운 저항이다. 오늘날도 노래와 춤이 있는 현장은 해방구다. 오늘 죽을 것처럼 밤을 새며 노는 젊은이들은 그래서 멋있다. 노래와 음악이 콘서트나 공연을 만나면 문화 예술이고, 붐 박스 하나를 들고 거리로 나오면 행위 예술이다.

기성세대에게도 그 옛날 붐 박스는 해방 공간이었다. 산업화 성장 시대에 거리에 모일 수 없던 젊은이들은 공원이나 유원지에서 붐 박스를 어깨에 맬 수밖에 없었다. 이마저도 조용한 투쟁이라면 투쟁이다. 군사 정권의 독재에 억눌

리고, 경제 성장이란 구호 앞에 자유와 인권마저 빼앗긴 암울했던 시대. 처한 현실이 암담하고 초라해도 심장 박동 같은 비트에 맞춰 세상의 벽을 두드렸던 것이 붐 박스였다. 기성세대도 뜨거운 피가 끓던 때가 있었다.

1980년대에서 소환된 불혹의 청년 붐 박스를 사진 속 소품이나 음악 공연에 들러리로 세우는 것은 예우가 아니다. 코로나19 대유행이 끝나면 이제 붐 박스로 세상을 점령하자. 기후 변화도, 소득 불균형도, 펜은 칼보다 강하다는 말도 잠시 잊고, 세기말에 유폐된 붐 박스를 꺼내면 어떨까. 붐 박스는 소리 있는 아우성이다.

우리 동네 라디오

사바 린다우

현대자동차의 '포니'는 우리나라에서 만들어진 최초의 고유 자동차 모델이다. 1975년 12월에 처음 선보인 포니1은 후륜 구동 방식, 배기량 1238cc, 최고 속력은 시속 155킬로미터로 설계됐다. 디자인은 이탈리아 디자인의 거장 조르제토 주지아로Giorgetto Giugiaro가 관여했고, 일본 미쓰비시 엔진을 탑재했다.

우리나라의 첫 수출 승용 차량인 포니의 의미는 남다르다. 관심이 가는 건 조랑말을 뜻하는 '포니'라는 이름이다. 자동차는 마차에서 왔고, 마차 이전에는 말이 대표적 이동 수단이었다. 대한민국 토종 자동차 이름을 홀스Horse가 아닌 포니Pony로 붙인 건, 이동과 운송의 기본 개념에 충실한 것이다.

포니의 어감은 작고 귀여운 실제 자동차 이미지와 잘 어울린다. 이때부터 현대자동차의 차량 이름에는 특별한 의미를 부여하는 전통이 자리 잡은 듯하다. 헤리티지로 일컫는 '포니'부터 스테디셀러인 '소나타'와 '그랜저', '아반떼'까지, 이름 자체가 제품의 특징을 보여 준다.

이런 방식의 이름 붙이기는 오늘날 외국의 자동차에서도 쉽게 볼 수 있다. 이름을 정하는 다른 방법으로는 알파벳과 숫자를 조합하는 것도 있다. 알파벳이 제조사를 상징하고, 숫자는 차량의 크기와 사양 등을 나타낸다.

라디오 이름도 이런 공식을 따른다. 최초의 국산 라디오는 '골드스타 A-501', 세계 최초의 트랜지스터라디오는 '리전시 TR-1'이다. A-501의 A는 교류 전압을, TR-1의 TR은 트랜지스터를 뜻한다. 독일 그룬딕은 1960~1970년대 보이 Boy 시리즈 라디오로 유명했다. 뮤직 보이, 오션 보이, 시티 보이, 오션 보이, 콘서트 보이 등 이름과 라디오 외형의 이미지를 일치시켰다. 왜 보이 시리즈만 있고, 걸 시리즈는 없는지는 모르겠다. 이름을 붙이는 것도 시대와 사회 분위기를 반영했을 것이란 추측만 있을 뿐이다. 20세기 중반이면 전쟁과 냉전, 남성 우월주의 사고가 지배적인 시대가 아니었던가. 그룬딕 라디오에는 영문과 숫자 조합의 C 시리즈와 새틀라이트, 프로페셔널 등의 제품군도 있다. 자동차 라디오로 유명한 블라우풍트는 유럽의 주요 도시 이름을 진공관 라디오 모델에 붙였다. 파리, 로마, 바르셀로나, 그라나다 등 라디오의 외형과 음색이 그 도시를 연상시킨다는 판매 전략을 사용한 것이다.

독일의 사바SABA는 타 회사와는 결이 다른 이름을 붙였다. SABA는 독일어 'Schwarzwälder Apparate-Bau-Anstalt August Schwer Söhne GmbH'의 앞 글자를 딴 회사다. 영어로는 'Black Forest Apparatus Construction Institution', 우리말로는 '흑림 건설 제조 기구' 정도로 번역된다. 눈에 띄는 단어는 '슈바르츠발트Schwarzwäld'다. SABA 브랜드의 S, '슈바르츠발트'는 오늘날 독일 남서부의 바덴-뷔르템베르크Baden-Württemberg에 있는 가로 60킬로미터, 세로 200킬로미터의 직사각형 모양의 숲과 산악 지역을 말한다. 숲이 울창해 햇빛이 잘 들지 않아 검은 숲, 흑림黑林으로 불린다.

사바는 라디오 제품에 회사가 속한 독일 바덴-뷔르템베르크주의 도시 이름을 붙였다. 뻐꾸기시계를 만들며 회사를 시작한 도시 트리베르크Triberg, 1923년 전자 제품 제조 회사를 다시 설립해 본사를 옮긴 필링겐Villingen, 독일·스위스·오스트리아가 접해 있는 보덴 호수Bodensee 주변의 콘스탄츠Konstanz와 린다우Lindau, 유럽의 주요 도시를 거쳐 흘러가

독일 바덴-뷔르템베르크 지역에 있는 흑림.
햇빛이 잘 들어오지 않아 '검은 숲'으로 불린다. ⓒ Getty Images

는 도나우Donau강까지 동네 이름이 라디오 제품 이름으로
등장한다. 이밖에도 프라이부르크Freiburg, 마이나우Mainau,
미르스부르크Meersburg, 브라이스가우Breisgau, 프로이덴슈타
트Freudenstadt, 빌트바트Wildbad 등 독일 남서부 지역의 수많
은 도시 이름이 라디오에 새겨졌다.

이 도시들이 얼마나 대단하기에 세계적으로 판매된 진공
관 라디오의 이름이 되었을까. 트리베르크는 회사가 만들어
진 곳이기에 자격이 충분하다. 도시의 해발 고도는 600미터

사바 린다우.
ⓒ 김형호

에서 1,000미터이고, 2019년 말 기준으로 인구는 5,000명가량이다. 필링겐은 1972년 슈베닝겐과 합쳐져 필링겐-슈베닝겐Villingen-Schwenningen으로 도시 이름이 바뀌었다. 인구는 8만 5,000여 명이다. 도시의 규모를 가늠하는 기준으로 인구만한 게 없다. 보덴 호수에 있는 도시, 린다우의 인구는 2만 5,000명이고, 콘츠탄츠는 8만 5,000명, 미르스부르크는 6,000명이다. 바덴-뷔르템베르크주는 독일 16개 주 가운데 인구는 1,102만 명으로 3위다. 1인당 국내총생산은 2017년 기준으로 함부르크주, 브레멘주, 바이에른주에 이어 4위로 4만 4,886유로다. 주의 수도는 슈투트가르트이지만, 바덴-뷔르템베르크에서 인구가 가장 많은 도시는 세계의 환경 수도인 프라이부르크 임 브라이스가우, 흔히 프라이부르크라고 부르는 곳이다.

사바는 우리나라의 기초 지방 자치 단체인 '시', '군'이나 '면' 단위의 도시를 왜 라디오 이름에 넣었을까? 독일은 역사적으로 오랫동안 연방 국가 체제를 유지했다. 오늘날에도 안정적인 지방 분권 체제로 운영된다. 하나의 주가 지방 정부로서 영향력이 크다. 회사 노동자들은 각자 사는 곳은 달라도 같은 지역 주민이다. 이들이 만든 라디오에 저마다 살고 있는 도시가 제품 이름으로 붙는다면 기분이 어떨까? 사바 라디오의 노동자들은 바덴-뷔르템베르크라는 지방 정부 주민으로서 지역 이름을 붙인 라디오를 생산한다는 데에서 자부심을 갖지 않았을까. 이건 어디까지나 추측이었다. 그 이유를 듣고 싶어 사바 라디오에 전자 메일을 보냈다. 사바 라디오는 현재 프랑스 기업인 톰슨 전자가 소유하고 있다. 사바의 마케팅 관계자는 "추정이 맞다Assumption is right!"라며 답장을 보내 왔다.

> "1960~1970년대 사바 라디오의 마케팅 팀은 라디오 제품에 독일 남서부 바덴-뷔르템베르크의 도시 이름을 붙였는데, 사바 라디오가 흑림 지역인 필링겐에 위치했기 때문입니다. 당시 사바의 노동자들은 브랜드의 지역적 정체성을 매우 자랑스러워했고, 이런 점을 강조하기를 원했습니다."

우리에게도 '사바'와 같은 향토 기업이 있을까?

오늘날 남아 있는 독일 사바의 라디오 이름이 바덴-뷔르템베르크의 도시 이름과 겹친다는 점은 향토 기업과 애향심이란 개념으로 연결된다. 지역 주민들이 생산한 물건은 그 지역을 넘어 국가 전체와 외국까지 판매된다.

향토 기업이란 말은 지역 언론에서도 익숙하다. 내 고향에도 국내 최초의 시멘트 회사인 유명 기업이 있다. 동네에

강원도 향토 기업 삼표 시멘트.
ⓒ삼표시멘트

서 공부 좀 한다는 학생들은 이 회사의 장학금을 한번쯤 받
았다. 고등학교 시절 우등반 학생의 절반은 아버지가 이 회
사에 다니는 자녀들이었다. 명절이면 그룹 계열사에서 만든
과자 상자가 선물로 뿌려졌고, 지금도 친구 몇 명은 이 회사
에 다닌다. 고향 주변에는 이런 시멘트 회사가 여럿 있다.

시멘트의 주재료인 석회암 지대는 수억 년 전에 바다였
다. 인류가 출현하기도 전에 바다였던 지역이 어느 순간 솟
아올라 육지가 됐다. 그곳에 사람이 살다가 시멘트라는 걸

만든 지가 100년이 채 되지 않는다. 킬른Klin이라는 섭씨 1,500도의 용광로(소성로)는 석회석을 시멘트로 바꾼다. 고향 산천의 석회암 덩어리는 레미콘의 재료로 건물을 지어 마천루가 되고, 도로에 깔려 국토의 교통망으로 다시 태어난다. 시멘트 회사만큼 향토 기업이란 이름으로 지역에 큰 빚을 지고 있는 곳이 없다. 이런 시멘트 회사들이 독일 사바 라디오처럼 회사가 위치하고 있는 지역 이름을 붙인 제품을 내놨다는 얘기를 들은 적은 없다. 삼척시 오분리, 동해시 삼화동, 강릉시 옥계면, 영월군 쌍용리, 제천시 송학면, 단양군 매포읍은 시멘트 공장이 있는 동네다.

향토 기업은 독일어의 하이마트Heimat, 즉 '고향'이란 단어가 어울린다. 추억이 깃들고, 희로애락을 함께했다. 기업이 흔들리면 고향마저 위태로웠다. IMF 구제 금융과 2008년 서브 프라임 모기지 사태는 시멘트 기업 구조 조정의 신호탄이었다. 절대 망할 것 같지 않던 향토 대기업이 파산하면서 회사채를 샀던 지역 주민들은 손해를 보고 일자리를 잃었다. 기업은 파산 절차를 거쳐 주인이 바뀌었다. 이름을 바꾼 기업이 있고 이름은 그대로지만 새로운 경영진이 들어온 곳도 있다. 본사는 서울에 있고 석회석 광산이 있는 지역에는 생산 공장만 있다. 경영진은 지역의 정서마저 잘 모른다. 심각한 산업 안전 재해가 발생하기도 하고, 노동자는 비정규직 일자리로 내몰린다. 한때 같은 반 친구들의 아버지 절반가량이 시멘트 공장에 다녔지만, 이제 시멘트 회사의 입사 문턱마저 높아졌다.

지역 사람이 많이 일하지 못하는 기업에는 향토라는 말을 붙이기 어렵다. 과거 독일 사바 라디오의 노동자들이 회사와 라디오 제품에 자부심을 가졌던 건, 애사심과 애향심이 함께 있었기 때문이다. 기업에서 '향토'라는 수식어가 희미해질수록 지역 주민들이 기댈 곳은 없다. 지역의 기업도 힘을 잃어가기는 마찬가지다. 오늘날 독일 사바는 더 이상 독일에 존재하지 않는다. 여러 라디오 제조사들이 그렇듯 1970년대 후반 다른 나라 기업에 팔려 지금은 프랑스 기업이 됐다. 사바 라디오에 새겨진 독일 도시 이름을 보고 있으면, 옛날 고향 집 문패를 보는 것만 같다.

독일 라디오 방송이 부럽다

텔레푼켄 유빌라테

FM 주파수가 들어간 라디오 가운데 가장 오래된 것은 1950년대 초반부터 생산된 진공관 라디오다. 트랜지스터 라디오에 FM이 본격적으로 도입된 건 1960년대부터다. 그중에서 나는 1954년 독일 텔레푼켄에서 생산한 '유빌라테' 진공관 라디오로 FM 음악 방송을 듣는 것을 좋아한다.

우드 무늬의 플라스틱 재질이 위쪽과 옆면을 감싸고, 전면은 투명한 느낌의 플라스틱 그릴이다. 오른쪽 귀퉁이에 붙은 'Jubilate'라는 글씨는 오선지의 음표 같다. 볼륨과 주파수를 조절하는 양쪽 손잡이 사이 주파수 창에는 방송 전파를 내보내는 도시 이름이 적혀 있다. 'Telefunken'이란 브랜드 글씨 위에는 버튼 세 개가 전부다. 'UKW'는 FM, 'Mittel'

1954년에 생산된 텔레푼켄 유빌라테.
ⓒ 김형호

은 중파, 'Lang'은 장파를 뜻한다. 물론 FM 주파수 대역이 당시에 독일에서 사용됐던 88~100Mhz여서, 오늘날 라디오 방송을 수신하는 데 한계가 있다.

유빌라테는 '노래하다'라는 뜻의 라틴어다. 이름값에 걸맞게 스피커 하나로도 소리가 우렁차다. 성능 좋기로 유명한 텔레푼켄 출력관을 사용했다. 소형 진공관 라디오임에도 대형기 느낌의 음색을 가지고 있어 현재도 인기가 높다. 초기 모델 이후 생산된 유빌라테 모델은 단파 주파수 대역과 외부 입력 기능이 추가돼 편리하지만, 유빌라테의 정수는 1954년 초창기 모델이다. 텔레푼켄 유빌라테는 1954년 독일의 IF 디자인상을 수상한 제품이기도 하다.

FM 수난사

라디오 방송 기술에서 FM은 주파수 동조Frequency Modulation의 줄임말이다. 주파수 동조는 진폭은 그대로 두고 주파수만 고저高低로 변화시키는 기술이다. AM은 진폭을 변화시켜 반송파Carrier에 전송하는 전파를 그대로 싣는 변조 방식으로 진폭 변조Amplitude Modulation의 약자다. 두 주파수 기술은 전파의 이동 거리와 수신율에서 차이가 난다.

FM은 수신율이 좋아 고음질의 음악 방송에 특화된 반

면, 전파가 도달할 수 있는 범위가 좁다. FM 라디오 방송은 좁은 지역 방송에 적합하다. 중앙 방송으로 지역까지 송출하려면 곳곳에서 중계소를 거쳐야 한다. AM 방송은 중파라고도 하는데, 음질이 좋지 않아 음악 방송보다 뉴스나 연설 등의 말소리를 전달하는 데 적합하다. 대신 멀리까지 라디오 방송을 보낼 수 있다. 최초의 라디오 방송은 AM 기술 방식이었고, 수십 년이 지나 미국의 암스트롱Edwin Howard Armstrong이 1933년 FM 방송 기술을 발명했다.

제2차 세계대전이 끝날 때까지 FM은 날개를 펴지 못했다. AM에 비해 상대적으로 좁은 전파 수신 범위가 문제였다. 곳곳에 라디오 중계 시설을 설치할 때 들어가는 비용도 부담이었다. FM 기술이 상용화되는 데 시간이 필요했는데, 이 와중에 제2차 세계대전까지 터졌다.

전쟁이 끝나면 꽃길만 걸을 줄 알았지만 또 다시 난관이 닥쳤다. 이번엔 TV가 문제였다. 주파수 사용 승인을 해 주는 미국 연방통신위원회Federal Communications Commission, FCC는 1946년에 FM의 주파수 대역을 88Mhz부터 108Mhz까지로 변경했다. 불과 5년 전에 FM이 할당받았던 42Mhz에서 50Mhz 대역은 TV에 재배정됐다. FCC는 FM 방송을 내보내는 출력도 낮췄다. FCC의 자료에 따르면, 미국 FM 방송은 1936년에 첫 송출됐다. 1946년까지는 42~50Mhz 주파수 대역이 사용됐다. 1948년부터는 현재 사용 중인 FM 주파수 대역88~108Mhz에서 방송이 이뤄졌다.

쉽게 말해, FM이 좋은 자리를 빼앗긴 것이다. FM은 주파수가 낮을수록, 송출 힘이 셀수록 멀리까지 도달한다. AM 라디오를 생산하던 회사들은 FM 기술이 끼어들 틈을 주지 않았다. 결과적으로 FM 방송은 좁은 범위에서만 송수신 될 수밖에 없어서, AM 방송과 TV 방송보다 경쟁력이 떨어졌다.

이런 작당 모의에는 AM 라디오와 TV를 생산하는 주류 생산 기업들의 보이지 않는 힘이 작용했다. 자신들에게 유리한 전파 정책이 수립되도록 정부에 로비를 했다. 오늘날 1940년대 생산된 라디오에 FM 전파 수신 기술이 접목된 제품을 보기란 쉽지 않다. 1946년까지의 FM 주파수 대역 라디오는 송출 방송국이 없어 무용지물이었기 때문이다. 이 시기에 생산된 FM 주파수 대역의 라디오가 있다면 수집품으로서 귀한 대접을 받을 것이다.

지방의 목소리를 담은 독일 FM 라디오

FM이 다시 살아난 것은 아이러니하게도 제2차 세계대전의 전후 처리 과정 때문이었다. 1945년까지 FM 기술은 존재했지만 활용되지 못했다. 당시의 라디오 방송은 넓은 영역을 커버해야 했다. 아무리 음질이 좋더라도 좁은 지역에서만 들을 수 있는 방송은 무의미했다. 1953년 3월에 발간된 전문 잡지 〈라디오 일렉트로닉스Radio-Electronics〉에 게재된 '서독에서의 FM 방송 기술FM Broadcasting in Western Germany' 이란 제목의 칼럼은 독일에서 FM 방송이 활발하게 운영된 이유를 정치, 경제, 문화 차원에서 설명했다. 제2차 세계대전으로 유럽은 폐허가 됐다. 패전국 독일은 미국과 소련, 영국, 프랑스의 분할 통치를 받았다. 이때 AM 방송의 주파수 사용 대역을 협의하는 유럽 국가들의 회의에 독일은 참여하지 못했는데, 흥미롭게도 이 자리에서 그간 외면 받았던 FM 방송 기술이 주목을 받았다.

AM 방송은 멀리는 날아가지만, 소비 전력이 높아 비용이 많이 든다. 전쟁으로 파괴된 독일을 재건해야 하는 입장에서는 난감할 수밖에 없었다. 여기서 말하는 '독일'은 패전국 독일이 아닌, 서독을 분할 통치하게 된 국가, 특히 미국을 말한다. 독일을 분할 통치하는 국가들은 비용은 적게 들고, 국가를 분할하기 좋은 라디오 방송 기술로 FM을 선택했다. 게다가 이들 나라들은 독일 지역에서 AM 라디오 방송을 하면, 독일인들이 같은 방송을 동시에 들으면서 같은 생각을 하며 다시 뭉칠지도 모른다고 우려했다. 그 결과, 독일은

지방 분권이 잘 이뤄진 독일은 방송 역시
FM 방송을 중심으로 중앙 방송과
지역 방송이 균형을 이루고 있다.
ⓒ Getty Images

1990년 통일 이후에도 16개 주로 이뤄진 연방 국가로 운영되고 있는데, 방송도 중앙 방송과 권역별로 나눠진 지역 방송이 균형을 이룬다.

나는 FM 라디오 방송과 독일의 연방 국가 체계를 주목한다. 독일은 신성 로마 제국 시대 이후 통일 국가 형태를 유지한 기간이 길지 않다. 제2차 세계대전 이후에는 승전국의 의도에 따라, 연방 국가 체계를 선택할 수밖에 없었다. 오늘날에도 지방 분권이 잘 이뤄지는 나라가 독일이다. 그 안에 녹아든 지역 방송은 지금도 명맥을 유지하며 지방 분권을 대변한다.

오래된 독일산 라디오는 지역 방송의 역사를 담고 있다. 1970년대 생산된 독일산 라디오의 주파수 창에서는 지금은 존재하지 않는 〈남부독일방송SDR〉과 〈남서부방송SWF〉이라는 지역 방송의 이름을 볼 수 있다. 두 방송국은 1998년 라인란트팔츠와 바덴-뷔르템베르크를 권역으로 하는 〈남서독일방송SWR〉으로 재탄생했다.

이런 지역 방송 흥망의 역사는 우리나라 라디오에서도 볼 수 있다. LG전자의 전신인 금성사가 만든 일명 최규하 대통령의 라디오로 불리는 골드스타 RF-745의 주파수 창에는 당시 존재했던 지역 라디오 방송국의 이름이 적혀 있다. 지금은 이름이 사라진 〈강릉MBC〉와 〈마산MBC〉부터 이름

골드스타 RF-745.
ⓒ 김형호

마저 생소한 〈대구HANGUG〉까지 말이다.

나는 흔히 비하하는 말로 '지방 방송 꺼'라고 하는 지역에서 일하고 있다. 방송 업계에서는 지방 방송을 '지역 방송'이라고 부른다. 우리나라 방송 역사에서 두 번째 FM 방송국으로 출발한 〈부산문화방송〉이 오늘날 〈MBC〉의 모태인데, 1980년대 언론 통폐합으로 18개 지역사로 유지된 〈MBC〉에서 가장 작은 지역의 〈MBC〉 방송국에서 기자로 일을 시작했다. 입사 10년 만에 이름마저 사라진 〈삼척MBC〉. 주요 업무는 TV 방송 뉴스 제작이었지만, 매일 퇴근 시간쯤 라디오 뉴스를 했다. 강원도 4개 지역 〈MBC〉가 각자 그날의 지역 뉴스를 3개씩 소개하는 라디오 뉴스 '오늘의 강원'이었다. 생방송으로 2~3분 정도 참여하는 라디오 방송은 그 시절 묘한 긴장감을 줬다. 취재 기자가 직접 전하는 퇴근길 뉴스는 생생한 지역의 목소리였다. 저녁 시간대에 누굴 만난 자리에서 방금 전에 라디오에서 목소리를 들었다고 하면 여간 반가운 게 아니었다.

FM을 지역 분권의 소재로 끌어오는 건 지역 방송국에서 일하는 사람의 아전인수식 논리로 보일 수 있다. 저마다 발을 딛고 있는 곳에서 보는 시선과 관점은 다를 수밖에 없다. 오늘날 인터넷을 기반으로 하는 중앙 방송의 FM 라디오는 지역 방송에게는 조용한 압박으로 느껴진다. 지금도 라디오 방송은 매체 파워가 큰 중앙 방송 위주로 운영되고 있다. 특정 시간대가 되면 중앙 방송을 끊고 지역 방송이 끼어든다. 이것은 지역의 목소리를 반영하는 최소한의 장치다. 그런데 인터넷 방송으로는 이런 중앙 방송을 끊을 수 없다. 'MBC 미니', 'KBS콩', 'SBS고릴라', 'CBS레인보우' 같은 라디오 앱으로는 지역 방송을 들을 수 없는 것이다. 중앙 방송의 유명 진행자와 풍부한 정보에 지역 사람들이 끌릴 수밖에 없다. 그렇지만 지역 방송의 마이크가 사라지면 지역의 목소리는 침묵하게 된다. 지역 라디오는 우리나라에서 어느 지역을 가든 개성적인 문화와 독특한 정보를 얻을 수 있는 소리의 창이다.

지방 자치, 지방 분권을 외칠수록 중앙 집권이 심하다는 역설이다. 지역 방송의 중요함을 외치는 것은 중앙 방송에 쏠린 균형추가 무겁기 때문이다. 경제 논리로 지역 방송은 통폐합을 거듭하며 지역 주민과 멀어지고 있다. 〈삼척MBC〉는 〈강릉MBC〉와 통합해 2015년 〈MBC강원영동〉으로 바뀌었다. 〈마산MBC〉와 〈진주MBC〉가 합쳐져 〈MBC경남〉이 탄생했다. 충주와 청주도 〈MBC충북〉이 됐다. 그럼에도 이렇게 외칠 수밖에 없다. 지역에도 사람이 산다고….

한국·독일·일본의 FM 방송

제2차 세계대전 패전국인 독일과 일본의 FM 주파수 사용 대역은 다른 나라와 달랐다.

독일 라디오는 1950년대 말까지는 88~100MHz, 1960년대 중반까지는 88~104MHz, 1970년대부터는 108MHz까지 확장됐다. 미국으로 수출된 독일 라디오의 FM 주파수는 시대와 상관없이 88~108MHz였다. 이런 주파수 대역의 차이는 독일 라디오 제품의 시대를 구분하는 기준이다.

일본 내수용 라디오의 FM 주파수 대역은 76~90MHz다. 수출품은 76~108MHz로 확장됐는데, 90MHz 이상의 FM 주파수 대역을 VHF, TV 채널 1~3으로 표시했다.

우리나라는 한국전쟁 이후 AM 위주로 라디오 방송이 운영됐다. 반면 이 시기 미군정은 FM 라디오 방송을 했다. 독일과 일본에서처럼 FM 방송의 효율성을 알고 있었던 것이다. 우리나라에서는 미군 AFKN의 FM 방송 체계를 이어받아 1965년 주파수 89.1Mhz로 최초의 〈서울FM방송〉이 탄생했다.

—

단파 라디오 단상

노드멘데 갤럭시 메사 6000

단파, 라디오.

한국인에게는 간첩의 향기가 묻어나는 단어다. 단파는 북한 방송을 들을 수 있는 주파수 대역이기 때문이다. 남파 간첩들이 단파 라디오로 북한 지령을 받는다는 얘기는 분단국가에서만 통하는 시나리오다. 반공이 국시國是였던 군사 독재 정권 시절에는 라디오 방송 때문에 간첩으로 몰리는 일도 있었다.

울진·삼척 무장 공비, 강릉 잠수함 침투 사건 등 동부 전선과 연결된 강원 동해안에서 간첩 사건은 남의 일이 아니었다. 한국 전쟁 때 헤어졌던 부모 형제가 남파 간첩으로 몰래 내려왔다가 이들을 만난 남한 가족과 친지들이 간첩으로 몰린 일이 고향 옆 동네에서 벌어졌다. 이런 일로 죽은 이가 있고, 수십 년 억울하게 옥살이를 하다 출소해 행방을 감춘 사람도 있다. 오랜 시간이 지나 누명을 벗어도 간첩으로 낙인찍힌 지난 세월을 되돌릴 길은 없다.

자기 검열 때문인지, 밤에 가끔 라디오 주파수를 돌리다가 북한 방송이 잡히면 덜컥 겁이 난다. 강원 동해안에서는 요즘도 AM 주파수에 북한 라디오 방송이 가끔 잡힌다. 하늘에는 경계가 없고, 전파는 보이지 않기에 라디오 방송의 월남과 월북을 막을 길이 없다.

우리나라에서는 1993년 문민정부가 들어서고 나서야 단파 라디오 소유가 합법화됐다. 지금은 단파 라디오를 소유하는 게 위법은 아니다. 북한 라디오 방송을 들을 수도 있지만, 청취 내용을 발설하거나 공개하면 국가보안법에 걸린다. 한반도 분단 현실은 통일전망대에서만 목도할 수 있는 것이 아니다. 언제라도 휴전선을 넘을 수 있는 라디오 방송을 모른 척해야 하는 것은 안타까운 남북 분단의 비극이다.

내가 처음 만난 단파 라디오는 독일 노드멘데의 갤럭시 메사 Galaxy Mesa 6000이다. 남북 관계가 좋았던 2018년에 내 손에 들어왔다. 당시로서는 북한 사람을 만나거나 북한 방송을 듣는 것도 전혀 겁낼 필요가 없는 사회 분위기였다. 1970년대 초반에 생산된 이 라디오 모델은 단파 방송을 6개

노드멘데 갤럭시 메사 6000.
ⓒ 김형호

대역에서 선택할 수 있다. 말과 음악을 선택할 수 있는 사운드 기능과 불이 켜지는 주파수 창은 몽환적이다. 이름처럼 은하계를 유영하는 느낌이다. 갤럭시와 결합한 메사Mesa*는 지구가 아닌 화성Mars의 표면을 떠올리게 한다.

우주에나 어울릴 단파 라디오는 어느 날 호전적인 북한 억양의 목소리를 잡아냈다. 강원 동해안에서는 지리적 위치 때문에 일본과 중국 방송이 잡히는 것은 기본이고, 북한 방송도 잡힌다. 방송 내용이 어떻든 간에 국가보안법은 방공 교육을 받은 중년 이상의 사람들에게 여전히 자기 검열의 스위치를 올리게 한다.

"낮에는 동독에서 살고, 밤에는 서독에서 살았다"

송수신 범위가 넓은 단파 방송은 상대국의 체제를 비판하거나 자국의 우월함을 홍보하는 수단이었다. 오늘날에도 일부 국가에서 선교나 체제 우월성을 알리는 단파 방송을 쏜다. 단파 라디오 방송 청취 금지는 분단을 경험한 독일에서도 예외는 아니었다. 독일은 나치의 제3제국 시절 수신력이

---

* 스페인어로 탁자, 또는 위쪽은 테이블처럼 평평하고 가장자리는 가파른 벼랑으로 된 지형을 의미한다.

좋지 않은 국민 라디오를 보급하면서, 외국 방송 청취를 금지했다. 동서로 분리된 상황에서 서독과 동독 역시 단파 라디오 소지를 불법으로 간주하거나, 상대국의 라디오 방송을 들으면 처벌하기도 했다. 하지만 당시 라디오 생산이 활발했던 유럽에서 단파 라디오는 동독까지 흘러들어 갔다. 세계적인 라디오 수출국이었던 서독에서도 단파 라디오는 이웃 국가를 통해 쉽게 구할 수 있었다.

냉전의 분위기가 심했던 1960~1970년대에 미국 등 연합국은 소련과 그 위성국에게 자유주의를 전파하는 라디오 방송을 보냈다. 수신 범위가 넓은 단파 방송, 〈자유 유럽 라디오 Radio Free Europe〉, 〈미국의 소리 Voice of America〉 같은 중파 방송은 강력한 라디오 전사였다. 동독 주민들은 라디오 방송으로 서유럽과 자유주의 세계의 오락물과 음악, 정치적인 소식들을 접했다.

소련은 라디오 전쟁에서 정치 선동 방송을 쏘며 동독과 공산권 국가들을 지켰다. 연합국의 파상적인 '라디오 공격'에 라디오 수신을 방해하는 전파 신호까지 쐈다. 인구가 밀집된 지역에 높은 안테나를 설치해 소음과 음악, 야외에서 녹음된 일상생활의 소리들이 섞여 나오게 하면서 단파 방송 청취를 방해했다. 하지만 이런 조치는 은밀한 라디오 방송 수신을 막을 수 없었다. 지리적 경계나 방해 전파로는 라디오의 월경越境을 막지 못했다. 동독 주민들은 "낮에는 동독에서 살고, 밤에는 서독에서 살았다"고 당시를 회고할 정도였다.

동독에 위치한 베를린은 냉전의 최전선이자, 라디오 방송의 전쟁터였다. 동독 땅에 섬처럼 갇힌 서베를린에서는 라디오를 켜면 공산 정권의 목소리가 곳곳에서 감지됐다. 그때 서독의 심리적 보호막이 되기 위해 세워진 방송국이 〈리아스RIAS, Radio in the American Sector〉였다. 미국이 베를린의 미국 통치령에 세운 리아스는 1946년부터 독일 통일 후에도 1993년까지 전파를 쐈다. 우리나라에 〈AFKN〉 방송이 있었듯, 미군이 주둔하는 독일에도 〈AFN American Forces Network〉이라는 미군 라디오 방송이 있었다.

베를린의 서독 국민들은 미국 시각에서 뉴스와 정치 분석, 문화 프로그램을 전달하는 민간 공영 방송에 의지했다. 리아스는 방송의 처음과 끝에 '자유의 목소리Voice of Freedom'를 말하며 미국과 소련의 총성 없는 전쟁에서 선봉에 있었다. 통일 독일은 지금도 '리아스 베를린 커미션RIAS BERLIN COMMISSION'이란 조직을 통해 방송 영역에서 미국과 독일의 협력 관계를 유지하고 있다.

말하자면, 독일은 베를린 장벽이 무너지기 전에 서독이든 동독이든 상대 체제에서 송신되는 라디오 방송을 듣고 있었던 것이다. 공식적으로는 절대 허락되지 않았지만, 몰래 상대의 이야기를 들으면서 마음의 벽이 이미 투명해진 상태였다. 철의 장막은 이미 무너지고 있었다.

라디오라도 이어지기를 바라며

켄 로치 감독의 '보리밭을 흔드는 바람The Wind That Shakes the Barley'은 1920년대 영국 지배에 대항한 아일랜드 레지스탕스를 다룬 영화다. 아일랜드 독립 운동을 위해 함께 싸운 형제는 평화 협정 조약을 놓고 대립한다.

영화를 보고 나는 1945년 대한민국 광복의 순간이 떠올랐다. 신탁 통치 찬반을 놓고 대립하다 38선이 그어지고, 한국 전쟁으로 70년 동안 분단된 한반도 현실을 일부러라도 연관시키고 싶었다. 전쟁에서 형제가 총을 겨누고, 생사도 모른 채 살다가 죽어서도 눈을 감지 못한 이산가족이 존재하는 한반도는 아일랜드와 비슷하다는 생각을 했다. 영국의 식민 지배에 저항하다 분단된 아일랜드와 일제 강점기에 이은 강대국의 분할 점령과 분단 상황이 묘하게 겹쳤다. "네가 싸우는 적이 누군지는 알기 쉽지만, 네가 왜 싸우는지는 알기 어렵다."라는 영화의 명대사처럼 남한과 북한은 이유도 모르고 싸웠고, 분단됐다.

휴전 중인 남한과 북한에서는 단파 주파수가 아니더라도 중파 주파수로도 충분히 상대국의 라디오 방송을 들을 수 있다. 방송은 여전히 체제 우월을 주장하거나 상대국을 비난하는 내용이다. 라디오는 남북한이 왜 서로에게 총구를 겨누는지 말하지 않는다. '우리는 왜 싸우고 있을까?' 정부가 아닌 국민들끼리 이렇게 물어본 날이 있었는가. 같은 언어를 쓰는 같은 민족이라는 것 이외에 용서하고 화해할 다른 이유가 있는가. 특별한 이벤트 때만 한반도기를 흔들기에는 생이별한 시간이 너무 길다.

들으면 간첩으로 의심받는 라디오 단파 방송 청취부터 변해야 하지 않을까. 또한 체제 우월과 선교 목적의 단파 방송을 일방적으로 보낼 것이 아니라, 동질감을 회복할 수 있도록 민족적 공통분모를 찾을 수 있는 단파 방송을 보내면 좋겠다. 냉전 시대 상대국의 사회 문화와 정치 경제에 대한 궁금증을 라디오 방해 전파로도 막지 못했듯, 언젠가 심리적 경계가 희미해지는 날이 올 것이다.

2018년 평창 동계 올림픽을 취재하면서 나는 처음으로 직접 북한 사람을 봤다. 올림픽 선수촌에서 열린 북한 선수단의 입촌식은 취재 경쟁이 뜨거웠다. 취주 악단이 연주하던 아리랑, 어색하게 서 있던 북한 선수들과 사물놀이패, '쾌지나 칭칭나네' 음악에 어우러진 비보잉. 북한 라디오를 듣

DMZ 고성 금강통문.
ⓒ 김형호

는 것도 겁먹던 사람이 직접 북한 사람을 봤을 때의 감정은 묘했다. 통일이라도 된 것 같은 한마당 축제를 보며 분단 상황이 믿기지 않았다.

하지만 금방이라도 연결될 것만 같았던 남북 철도는 기약이 없다. 화해 무드 속에 걸었던 DMZ 고성 평화의 길, 휴전선 금강통문은 내가 가 본 한반도 최북단이다.

"아~ 산이 막혀 못 오시나요. 아~ 물이 막혀 못 오시나요. 다 같은 고향 땅을 가고 오련만, 남북이 가로막혀 원한 천 리 길, 꿈마다 너를 찾아 꿈마다 너를 찾아, 삼팔선을 탄한다."

남인수의 '가거라 삼팔선' 노래 가사를 곱씹어 보니, 자유롭게 날아가는 라디오 방송만 원망스럽다. 통일이여 어서 오라.

단파 라디오 개념과 명칭

유럽 라디오는 FM과 AM, 단파Short Wave, 여기에 장파Long Wave 등 4개 대역을 기본으로 한다. 우리나라에서 외국으로 수출하는 라디오에도 단파 대역은 필수였다.

단파는 3Mhz에서 30Mhz 대역을 사용하는 짧은 파장의 주파수를 말한다. 단파 청취를 일본에서는 'Broadcasting Listening', 줄여서 BCL이라고 부르고, 영어권 국가에서는 'Short Wave Listening', 줄여서 SWL로 표현한다.

단파는 지구 전리층 반사를 이용해 수천 킬로미터 떨어진 곳에서 방송을 들을 수 있다. 위성 방송과 인터넷이 없던 시절, 다른 나라권의 소식과 음악을 접할 수 있는 수단이었다.

바다 위 레지스탕스

1920년 6월 15일, 세계적인 소프라노 넬리 멜바Nellie Melba
가 런던 북동쪽 에식스의 첼름스퍼드역에 도착했다. 그녀를
기다리던 흰색 롤스로이스 차량에 탈 때까지도 멜바는 앞
으로 무슨 일이 벌어질지 몰랐다. 차량은 굴리엘모 마르코
니의 무선 통신 회사 사무실에 멈췄다. 저녁 7시 10분, 그녀
는 녹음실 마이크 앞에 섰다. 첫 곡으로 'Long Silvery Trill'
을 불렀다. '즐거운 나의 집Home Sweet Home'에 이어 영국 국
가를 끝으로 라디오 방송은 성공적으로 마무리됐다. 방송은
마르코니가 구축한 무선 통신을 통해 영국 곳곳으로 퍼져
나갔다. 최고의 프리마돈나였던 멜바의 출연료는 영국의 대
중 신문 〈데일리 메일Daily Mail〉이 지급했다. 생방송으로 나

간 넬리 멜바의 노래는 광고와 후원이 있었기에 최초의 상업 방송으로 기록됐다.

라디오 방송이 '음악 민주주의에서 시작된 혁명'이라고 하면 너무 급진적인 주장일까? 극장에서만 들을 수 있던 전문 음악과 가수의 노래를 손쉽게 집 안으로 끌고 온 것은 라디오 방송이었다. 광고라는 형태로 운영비를 해결한 상업 방송이 있었기에 라디오는 100년 넘게 존재하고 있는지 모른다.

초창기 유선 전화 시대에도 음악과 정보를 통신으로 듣는 방식이 있었다. 전화가 많이 보급되지 않았던 1800년대 말, 정해진 시간에 전화 수화기로 시간과 각종 정보, 노래를 들려 주는 상품이 그것이다. '텔레폰 히르몬도Telefon Hírmondó'라고 불렀던 이 서비스는 처음에는 정확한 시간을 알려 주기 위해 시작됐다. '히르몬도'는 마자르어로 '공지사항을 알리는 마을 관원'을 뜻한다. 헝가리 부다페스트는 인구 80만 명이 사는 도시였는데, 정확한 공중公衆 시계가 없었다. 정오를 알려 주는 대포 소리가 전부였다. 이때 헝가리 언어인 마자르어를 쓰는 일부 사람들, 고급 호텔과 카페 이용자들을 위한 전화 시계 알림이 도입됐다. 당시 편성표를 보면, 오전 9시를 알리는 시보時報를 시작으로 외교 활동, 환율 시세, 날씨, 오페라까지 오늘날의 방송 뉴스와 편성이 크게 다

1901년 헝가리 부다페스트에서 제공된 '텔레폰 히르몬도' 서비스.
청취자들에게 뉴스를 읽어 주고 있는 모습.
ⓒWikipedia

르지 않다. 무선 라디오 방송이 도입되기 전까지 유선 전화 방송은 25년 동안 지속됐다. 대부분의 뉴스는 사람이 직접 육성으로 읽었다. 음악과 노래는 라이브였다. 일반인들이 축음기를 가지기 어려웠을 뿐 아니라 녹음된 음반도 많지 않았기 때문이었다. 실시간으로 노래를 부르거나 음악을 연주하는 게 경제적이었다.

무선 통신은 이런 음악을 모두에게 손쉽게 들려 주겠다는 공익을 내세웠다. 비용을 지급해야 가입할 수 있는 유선과 달리 무선은 수신기만 있으면 방송 접근에 제약이 없었다. 상업적으로 돈이 된다는 속내는 있었지만, 호의로 보면 라디오 방송은 음악의 대중화에 크게 기여했다. 상류층만 공연장에서 즐기는 음악을 집 안에서 온 가족이 듣는다는 것은 문화 예술의 민주주의이자 혁명적인 사건이었다.

바다 위 레지스탕스가 만든 라디오 혁명

최초의 라디오 상업 방송을 시도한 영국에서 라디오는 음악을 대중화하는 혁명의 신호탄을 쐈지만, 진정한 음악 민주화가 이뤄지기까지는 투쟁의 역사를 거쳐야 했다. 1960년대는 세계적으로 미국식 팝 음악, 로큰롤이 유행했다. 〈BBC〉 공영 방송 체제인 영국에서는 라디오 방송의 제약이 심했다.

어떤 음악을 틀 것인지까지 규제를 받았다. 영국의 젊은이들은 대서양 건너 미국의 음악을 즐기고 싶었지만, 국가는 저급하다는 이유로 공영 방송에서 이런 음악을 틀지 못하게 했다. 이런 상황에서 영국과 서유럽 사이 공해公海에서 일명 '해적선 방송Pirate Radio'이 등장했다.

해적, 라디오, 방송. 도무지 연결되지 않는 단어의 조합이다. 해적선 방송은 영국에서 방송 허가를 받지 않고 불법으로 사적 방송을 한 배를 말한다. 국가에서 보면 불법이지만, 당사자들은 방송 심의 때문에 허가를 받지 않았다고 변호를 한다. '허가를 받지 못했다'는 게 정확한 표현이다. 해적선 라디오 방송국들은 당시 제도권 방송국들이 틀지 않는 장르의 음악을 틀었다. 젊은이들이 선호하는 음악을 신청까지 받으며 바다에서 육지로 송출했다. '라디오 캐롤라인'이 대표적인 방송이었다. 해적선에는 선장부터 요리사, 방송 기술자 등 많은 인력이 필요했다. 이들은 배와 방송을 운영했던 전문가들이었다. 해적선 방송국은 하루에 몇 시간씩 로큰롤을 내보냈다. 해적선 숫자도 늘어나 1960년대 중반에는 청취자가 영국에서만 1,000만 명가량 됐다. 〈BBC〉 공영 방송이 클래식 음악이나 틀고 있을 때 청취자들은 채널을 돌렸다.

해적선 방송국은 합법적인 방송국들의 음악 선곡 독점권

1966년 1월 해적 방송을 하는 '미 아미고 Mi Amigo'의 모습.
이 배에서 '라디오 캐롤라인'이 방송됐다.

에 도전했다. 청취자들은 전화로 해적선에 듣고 싶은 노래를 신청했다. 그들만의 리그가 바다 위에서 펼쳐졌다. 해적선 라디오 방송국의 운영비는 상업 광고로 충당했다. 디스코텍, 미용실, 세탁소 등 생활 정보 신문에 실릴 것 같은 광고가 바다에서 육지로 날아왔다. 영국의 공영 방송이 상업 광고 방송을 허용하지 않았던 시절의 이야기이다. 2009년 이걸 소재로 한 영화 '락앤롤 보트The boats that rocked'가 개봉되기도 했다.

해적선 방송국들은 유럽 국가들의 공조로 소탕된다. 이후 현실에서는 새로운 스토리가 펼쳐진다. 영국은 해적선 방송 청취자들을 겨냥해 〈BBC1〉을 출범한다. 상업 광고 방송도 허용하고, 해적선 방송국의 유명 DJ까지 영입했다. 50년 전 '라디오 캐롤라인'의 유명 진행자였던 토니 블랙번은 2014년 71세의 나이로 영국 라디오 아카데미가 수여하는 골든 상을 수상했다. 해적선 방송국의 간판스타 '라디오 캐롤라인'은 2017년 영국에서 방송 허가를 받아 현재 디지털 방송을 하고 있다. 해적선은 사라졌지만 해적 방송은 승리한 것이다.

차량으로 출퇴근하는 직장인이 그렇듯 나도 자동차에서 라디오를 듣는다. 출근길에 애청하는 라디오 방송이 있다. 오프닝에서 진행자가 모노드라마처럼 시를 한 편 읊조리고 나면 음악이 따라온다. 자동차 안은 극장으로 변한다. 차창 밖 꽉 막힌 도로는 라디오 음악의 무대이고, 유치원 등원 차량을 기다리는 모녀는 주인공이 된다. 사무실 책상에 앉아서야 꿈에서 깬다. 라디오 방송은 휴식 같은 친구이자, 꿈길이다.

오늘날 라디오는 친구이자 배경 음악 같은 편한 휴식을 표방한다. 이런 현실은 저절로 만들어진 것이 아니다. 국가가 강요하는 엄숙주의를 타파하려는 바다 위의 레지스탕스가 있었다. 해적선 라디오 시대가 끝난 지 반백 년이 넘었다. 현재의 라디오 방송은 해적선 방송국 시절과 크게 다르지 않다. 시시콜콜한 동네 가게의 광고와 전화로 사연을 듣고 요청받은 음악을 선곡하는 모습은 오히려 지금보다 해적선 방송 시절이 살갑고 친근했다. 규제가 없고 상업성에 충실했던 라디오 해적선들은 오래전부터 라디오 방송의 생존 전략을 알고 있었던 것이다. 음악 혁명이라 했던 최초의 라디오 상업 방송부터 청취자의 욕구에 부응해 제도권에 저항한 해적선까지. 과연 오늘날의 라디오 방송은 청취자의 마음을 제대로 읽고 있을까. 라디오 방송 100년. 편한 휴식 같은 친구라는 방송의 과실만 따먹기에 우리는 라디오를 너무 모른다.

참고 문헌

단행본

- 개빈 웨이트먼, 강찬헌 옮김, 《마르코니의 매직박스》, 양문, 2005
- 김해주, 《아버지의 라디오》, 느린걸음, 2007
- 남표, 《라디오 수신기의 역사》, 커뮤니케이션북스, 2014
- 미셸 파스투로, 고봉만 & 김연실 옮김, 《파랑의 역사》, 민음사, 2017
- 볼프 슈나이더, 《군인》, 열린책들, 2015
- 재레드 다이아몬드, 강주헌 역, 《대변동 위기, 선택, 변화》, 김영사, 2019
- 조성복, 《독일 연방제와 지방자치》, 섬앤섬, 2019
- 최경원, 《끌리는 디자인의 비밀》, 성안당, 2019
- 카시와기 히로시, 서정원 옮김, 《모던 디자인 비판》, 안그라픽스, 2005
- 크리스 월리스 & 미치 와이스, 이재황 역, 《카운트다운 1945》, 책과함께, 2020
- 한국공학한림원, 《꿈이 만든 나라: 대한민국 산업기술 100장면》, 다니비

앤비, 2019

· Geoffrey Dixon-Nuttall & Gordon Bussey, 《Hacker Radio》, GDN Publications, 1993

· Merry E. Wiesner-Hanks & Andrew D. Evans & William Bruce Wheeler & Julius Ruff, 《Discovering the Western Past》, Cengage Learning, 2014

· Michael Brain Schiffer, 《The Portable Radio in American Life(Culture and Technology)》, University of Arizona Press, 1992

· Robert Grayson, 《Sony: The Company and Its Founders(Technology Pioneers》, Essential Library, 2012

· William Shakespeare, 《A Midsummer Night's Dream》, Oxford University Press, 2008

논문

· 김민철, 〈제로 TV 가구의 현황과 이슈〉, 《KISDI Premium Report》 13-07, 정보통신정책연구원, 2013

매거진

· 〈포포투 플러스〉 Vol. 1, 별Xbs, 2021

· '150년 전 베를린 우체국 박물관, 트위터 세계지도를 펼치다', 〈미디어오늘〉, 2019년 7월 6일

  www.mediatoday.co.kr/news/articleView.html?idxno=200954

· '가스 폭발 8명 사상 태백 탄광, '전력' 있었다', 〈MBC〉 '뉴스데스크', 2012년 2월 4일

  imnews.imbc.com/replay/2012/nwdesk/article/3015845_30413.html

· '클럽하우스만 떴나?…코로나 '덕'에 라디오의 재발견', 〈매일경제〉, 2021년 2월 21일

  www.mk.co.kr/news/it/view/2021/02/168829/

· 백욱인, '번안물로 본 사회와 문화', 〈네이버 파워라이터 ON〉, 2016년 4월 6일

  terms.naver.com/entry.naver?docId=3580431&cid=59546&categoryId=59546

· 'Radio-Electronics, FM Broadcasting in Western Germany', 〈Radio-Electronics〉, March 1953

  www.rfcafe.com/references/radio-electronics/fm-broadcasting-western-germany-radio-electronics-march-1953.htm

· 'They Could Hear Him Then', 〈VOICE of SAN DIEGO〉, September 18, 2009

  www.voiceofsandiego.org/topics/news/they-could-hear-him-then/

· 'Prussian blue', 〈ACS〉, January 23, 2017

  www.acs.org/content/acs/en/molecule-of-the-week/archive/p/

prussian-blue.html
- www.fcc.gov
- www.blaupunkt.com
- www.motorolasolutions.com
- www.ifworlddesignguide.com

• 국기에 그려진 세계사

김유석 지음 | 김혜련 그림 | 2017 | 19,000원

방대한 역사적 사실 앞에 늘 주눅이 들 수밖에 없는 세계사. 한 국가의 정체성을 압축해 놓은 국기라는 상징을 통해 각 나라의 역사를 살펴본다. 세계사를 본격적으로 알아가기에 앞서 뼈대를 세우는 입문서로 제격이다.

• 국가로 듣는 세계사

알렉스 마셜 지음 | 박미준 옮김 | 2021 | 22,000원

영국인 저널리스트가 쓴 국가(國歌) 여행기다. 전쟁의 상흔이 가시지 않은 코소보부터, 국가의 대명사 '라 마르세예즈'의 나라 프랑스, 위기의 순간 만들어진 미국의 '성조기', 우리가 몰랐던 국가 논쟁을 겪은 일본, 독재자가 만든 노래를 부르는 카자흐스탄 등 국가와 관련된 흥미로운 이야기가 숨 쉴 틈 없이 펼쳐진다. 저자의 영국식 유머는 다소 무거운 주제인 국가 이야기를 유쾌한 여행기로 엮어 독자들이 책을 끝까지 잡게 만든다.

• 지혜가 열리는 한국사

옥재원 지음 | 박태연 그림 | 2018 | 18,000원

국립중앙박물관, 국립고궁박물관에서 초등학생들에게 한국사를 가르친 저자의 노하우를 담았다. 저자는 어린이들의 역사 공부는 암기하는 것이 아니라, 역사를 통해 생각하는 힘을 길러주는 게 목적이라고 말한다. 어린이용과 어른용, 두 권의 책으로 구성되어 있는 이 책은 어린이와 어른이 따로 읽고, 함께 대화를 나누는 콘셉트를 갖고 있다. 한국사를 잘 모르는 어른들도 충분히 아이들과 역사를 소재로 대화할 수 있도록 만들었다.

• 루시의 발자국

후안 호세 미야스·후안 루이스 아르수아가 지음 | 남진희 옮김 | 2021 | 16,000원

인간과 진화를 주제로 이야기한 책이다. 2020년 스페인에서 논픽션 분야 베스트셀러에 오른 이 책은 고생물학자가 이야기하는 인류의 생물학적 토대, 인류 전체의 사회사를 소설처럼 풀어낸 세련된 교양서다.

• 당신은 지루함이 필요하다

마크 A. 호킨스 지음 | 서지민 옮김 | 박찬국 해제 | 2018 | 12,800원

눈코 뜰 새 없이 바쁜 삶을 살아가는 당신에게 '지루함'이 왜 필요한지 설파하는 실용 철학서. 지루함이 삶을 돌이켜 보고 그 전과는 다른 창조적인 삶을 살 수 있는 기회를 제공한다고 주장한다. 일중독과 게임 중독 등 갖가지 중독에 사로잡혀 지루할 틈이 없는 한국인들에게 큰 의미를 던지는 책이다.

• 만년필 탐심

박종진 지음 | 2018 | 15,000원

펜을 사랑하는 이들에게 만년필은 욕망의 대상이자 연구의 대상이다. 한자로 표현하면 '貪心'과 '探心', 우리말로는 '탐심'으로 동일하게 음독되는 양가적인 마음이 있다는 이야기다. 이 책은 어느 만년필 연구가의 '貪心'과 '探心'을 솔직하게 드러낸 글이다. 40년의 세월 동안 틈만 나면 만년필을 찾아 벼룩시장을 헤매거나, 취향에 맞는 잉크를 위해 직접 제조하는 수고를 마다하지 않으며, 골방에서 하루 종일 만년필을 써 보고 분해한 경험을 담담히 써 내려간 만년필 여행기다.

• 본질의 발견
최장순 지음 | 2017 | 13,000원

업(業)의 방향성을 고민하는 이들을 위한 안내서. 삼성전자, 현대자동차, 이마트, 인천공항, GUCCI 등 국내외 유수 기업의 브랜드 전략, 네이밍, 디자인, 스토리, 인테리어, 마케팅 업무를 진행해 온 '브랜드 철학자' 최장순이 차별화된 컨셉션 방법론을 제시한다.

• 의미의 발견
최장순 지음 | 2020 | 15,000원

위기의 시대에도 승승장구하는 브랜드들이 있다. 이들은 공통적으로 물건이 아니라 '의미'를 판다. 크리에이티브 디렉터 최장순이 제품과 서비스에서 어떻게 남다른 의미를 발견하고 소비자들에게 신앙과도 같은 브랜드를 만들 수 있는지 그 비밀을 파헤쳤다.

• 밥벌이의 미래
이진오 지음 | 2018 | 15,000원

'4차 산업혁명'으로 우리 삶과 일자리가 어떻게 변화할지를 예측한 미래서. 망상에 가까운 낙관주의도, 쓸데없는 '기술 포비아'도 이 책에는 없다. 딱 반걸음만 앞서 나가 치밀하게 미래를 그린다.

• 토마토 밭에서 꿈을 짓다
원승현 지음 | 2019 | 14,000원

이 시대의 농부는 투명인간이다. 멀쩡히 존재하지만 모두가 보이지 않는 것처럼 대한다. 우리 시대가 농업을 대하는 태도를 방증하는 일면이다. 《토마토 밭에서 꿈을 짓다》는 이에 반기를 든다. 새로운 산업의 상징인 디자이너에서 1차 산업의 파수꾼으로 변모한 저자는 자신의 토마토 농장의 사례를 통해 우리 농업의 놀라운 가능성과 존재감을 보여 준다.

• 레드의 법칙
윤형준 지음 | 2021 | 14,000원

경영에 있어서 인문학이 왜 중요한지, 구체적으로 어떻게 활용할 수 있는지를 취재한 책이다. 그 바탕은 세계적인 경영 컨설턴트 회사인 레드 어소시에이츠(ReD Associates)의 CEO 미켈 라스무센과의 인터뷰다. 책은 레드 어소시에이츠가 철학의 한 분과인 현상학을 기본으로 고객을 분석하여 창의적인 솔루션을 제공하는 과정을 밝혀낸다. 레고를 비롯하여 삼성전자, 아디다스 같은 글로벌 대기업들, 산타마리아노벨라, 조셉 조셉, 펭귄 출판사, 프라이탁, 볼보, 이솝, 시스코 등 세계적인 기업 CEO의 인터뷰가 등장한다.

• 널 보러 왔어
알베르토 몬디·이세아 지음 | 2019 | 15,000원

방송인 알베르토 몬디의 인생 여행 에세이. 이탈리아 베네치아를 떠나 중국 다롄에서 1년을 공부한 다음, 인생의 짝을 만나 한국에 정착하기까지의 이야기를 담았다. 백전백패 취업 준비생, 계약직 사원, 주류 및 자동차 영업 사원을 거쳐 방송인이 되기까지의 여정이 그려져 있다. 자신의 정체성을 잃지 않으려 노력하며, 남들이 뒤로 물러설 때 끊임없이 도전적인 선택을 하는 모습이 인상적이다. 책의 인세는 사회복지법인 '안나의집'에 전액 기부된다.

• 이럴 때, 연극
최여정 지음 | 2019 | 19,800원

연극 앞에 한없이 작아지는 당신을 위한 단 한 권의 책. 수천 년을 이어 온 연극의 매력을 알아가는 여정의 길잡이이다. 12가지의 상황과 감정 상태에 따라 볼 만한 연극을 소개한다. '2019 우수출판콘텐츠 제작지원사업 선정작'이다.

• 겨자씨 말씀
프란치스코 교황 지음 | 알베르토 몬디 옮김 |
정우석 신부 감수 | 2020
그리스도교를 믿든 그렇지 않든 전 세계인들의
영적인 지도자로 추앙받는 프란치스코 교황이
예수님의 말씀에서 길어 올린 생각들을 정리한
내용이다. 존중, 정의, 존엄, 환대 등 짧지만 깊
은 의미를 담고 있는 복음서의 메시지를 매우
간단명료하고, 쉽게 전한다. 번역은 방송인 알
베르토 몬디가 했다.

'당신의 밥벌이' 시리즈

• 연예 직업의 발견
장서윤 지음 | 2017 | 16,000원
스타가 아닌 스타를 만드는 직업을 소개한
책. 성장일로에 있는 한국의 엔터테인먼트
산업에 몸을 담고 싶어 하는 이들을 위한 착
실한 안내서다. PD와 작가 등 전통적인 직업
군부터 작가 및 연출자 에이전시, 엔터테인
먼트 콘텐츠 기획자 등 새로운 직업군까지
망라했다. 각 분야의 대표 인물을 통해 누구
도 말해 주지 않는 직업 현실과 제3자 입장에
서 본 노동강도와 직업의 미래까지 적었다. 실
제 연봉까지 공개한 것은 이 책의 최대 장점.

• e스포츠 직업 설명서
남윤성·윤아름 지음 | 2021 | 17,000원
요즘 10대, 20대들에게 게임은 사회생활의 일
부다. 게임을 잘하면 친구들에게 신처럼 추
앙받는다. 마치 기성세대가 학창 시절에 댄
스, 노래, 운동을 통해 친구들과 소통한 것과
같다. 'e스포츠를 밥벌이로 생각할 수는 없을
까?' 어른들이 게임고 e스포츠를 색안경을 끼
고 보는 동안 MZ세대는 그러한 편견에 싸우
면서도 자신의 미래를 개척해 나가고 있다.
이 책은 그들의 싸움에 도움을 주고자 만들
었다.

'지구 여행자를 위한 안내서' 시리즈

• 이탈리아의 사생활
알베르토 몬디·이윤주 지음 | 2017 | 16,000원
한국인이 가장 사랑하는 이탈리아인 중 한 명
인 방송인 알베르토 몬디가 전하는 이탈리아
안내서. 커피, 음식, 연애, 종교, 휴가, 밤 문화,
교육, 축구와 F1, 문화유산 그리고 커뮤니티 등
열 가지 키워드로 이탈리아의 문화와 사회를
소개한다.

• 상상 속의 덴마크
에밀 라우센·이세아 지음 | 2018 | 16,000원
행복 지수 1위, 1,000만 원짜리 소파와 함께하
는 휘게, 그리고 정시 퇴근에서 비롯된 여유로
운 삶. 한국인들에게 덴마크는 기껏해야 우유
와 레고의 나라이거나, 완벽한 시스템을 구비
한 행복의 나라다. 여행 또는 거주의 경험이 있
는 사람들에게는 음울한 날씨와 따분하면서도
차가운 사람들이 모인 나라다. 어느 게 진짜 모
습일까. 에밀 라우센이 가감 없이 전한다.

• 지극히 사적인 프랑스
오헬리엉 루베르·윤여진 지음 | 2019 | 16,000원

감히 말할 수 있다. 당신의 머릿속에 박제된 프랑스는 이제 버리시라. 부모가 가난해도 괜찮은 교육을 받을 수 있고, 어디에 가든 생산적인 정치적 논쟁이 있으며, 이민자를 열린 마음으로 받아들이는 나라는 없다. 여전히 당신이 프랑스를 이렇게 떠올린다면, 그건 수십 년 전 이야기다. 현재 한국방송통신대학교 교수이자 JTBC '비정상회담' 멤버였던 오헬리엉 루베르는 우리가 알고 있던 프랑스와 실제의 프랑스를 비교할 수 있도록 쉽고도 자세하게 설명한다.

• 세상에서 제일 우울한 동네 핀란드가 천국을 만드는 법
정경화 지음 | 2020 | 14,800원

핀란드는 한때 우리나라에서 매우 '핫한' 국가였다. 무상 교육을 실시하면서 창의적인 학생을 길러내고 국제학업성취도평가에서 1위까지 차지했다. 인간적 삶을 영위하도록 돕는 복지 제도는 또 어떤가. 전 세계를 주름잡던 대기업 노키아도 있었다. 하지만 국내의 핀란드 열풍은 겉핥기에 가까웠다. '독립적인 시민'을 키우자는 그들의 교육 철학, 돈으로 환산할 수 없는 '사회적 신뢰'를 이해하지 못했기 때문이다. 사실 이 두 가지 키워드를 보지 못하면, 핀란드는 그저 입맛을 다시며 부러워할 수밖에 없는 북유럽 국가 중 하나일 뿐이다.